나는 누구인가

일반인을 위한 정신분석학

차례
Contents

정신분석학의 흐름

심리학과 정신분석학의 차이

심리학(Psychology)과 정신분석학(Psychoanalysis)의 차이에 대해 명확하게 이해하는 사람은 많지 않다. 왜냐하면 두 분야 모두 넓은 의미로 인간의 심리에 관한 문제를 다루며, 프로이트(Sigmund Freud, 1856~1939)에 의해 창안되고 연구되었기 때문이다. 심리학은 사전적으로 말하면 인간을 포함한 생물체의 의식적인 움직임이나 개인별 상호작용 및 사회적 환경 적응에 따른 행동양식을 연구하는 학문이다. 이에 반해 정신분석학이란 주로 인간 무의식의 동적 양상과 무의식과 행동과의 연결성 그리고 그 병리현상을 연구하는 학문이다. 그렇다면 우선 의식과 무의식의 차이를 인식하는 것이 두 분야에 대한 명쾌한 차이를 이해하는 핵심 열쇠일 것이다.

프로이트 이전의 철학자들은 우리가 인식 혹은 의식하는 것이 자신의 전부라고 생각했다. 그런데 프로이트는 인간 심리를 연구하면서 새로운 사실을 발견하게 되었다. 이는 바로 의식이란 우리 자신의 내부를 반영하는 극히 일부분이며, 인간 마음의 내부에는 자신도 알지 못하는 어떤 요소가 존재하는데 이것이 의식 및 행동에 절대적 영향을 미친다는 사실이다. 따라서 그는 이러한 요소를 '무의식(The Unconscious)'이라고 명명하고 무의식을 연구하는 학문을 의식에 초점을 둔 심리학과는 분리하여 정신분석학이라고 부르게 되었다.

무의식은 영어로 'Unconscious(의식적이지 않은)'이라는 형용사에 'The'라는 정관사를 붙여 만든 용어다. 그런데 '무의식'이라는 번역에는 조금 문제가 있다. 무의식의 '무(無)'는 '없다'라는 뜻인데, 그렇다면 의식이 없다는 의미가 되니 이는 바로 죽음을 의미한다. 영어의 접두사 'Un'은 '아니다'라는 의미며, '없다'라는 접두사를 쓰려면 'Non'을 써야 한다. 이렇게 보면 'The Unconscious'는 '무의식'이라기보다는 '비의식'이라고 번역하는 것이 더 타당하다.

'Unconscious'의 명사형인 'Unconsciousness'는 죽음을 의

미하기도 한다. 때문에 의식이 없는 죽음과 구별하기 위해 굳이 'Unconscious'라는 형용사에 정관사를 붙여 'The Unconscious'라고 표현한 것으로 봐야 할 것이다. 물론 이 단어도 혼동을 가져올 수 있기에 'The Subconscious(잠재의식)'라는 용어를 쓰기도 한다. 이는 잠재되어 있는 의식임을 보다 분명히 하기 위함이다. 이러한 내용을 알면 무의식의 실체를 보다 명쾌히 알 수 있다. 다만 필자는 무의식이라는 용어가 우리 사회에서 보편적으로 사용되고 있기에 잠재의식과 동일한 개념으로 이해하고 이를 혼용하여 사용하고 있다.

프로이트의 본능이론(Instinct Theory 혹은 Drive Theory)

프로이트는 인간 심리를 연구하면서 점차 본능을 강조했는데, 이는 인간 행동의 근저에는 무의식적인 본능이 자리하고 있다는 것을 의미한다. 즉 인간이 때때로 의식하는 바와 다른 욕구와 행동을 보이는 이유는 바로 의식으로 통제할 수 없는 무의식적인 본능이 있기 때문이라는 것이다. 따지고 보면 프로이트 이전에 영국의 철학자인 홉스(Thomas Hobbes, 1588~1679)는 그의 저서인 『리바이어던(The Leviathan)』에서 '만인의 만인에 의한 투쟁(All Against All)'이라는 말을 하면서, 문명 이전의 원초적 자연 상태에서 인간에게 제일 무서운 공포는 바로 '폭력적 죽음(Violent Death)'이라고 지적했다. 그는 만인이 서로 투쟁하였던 자연 상태에서는 언제 어디에서 누구에게 맞아 죽을지도 모른다는 공포심이 있었기에, 인간에게 제일 중요한 것은 바로 '자아보존(Self Preservation)'이라고 보았다. 그리고 이것이야말로 인간의 가장 본질적 본능이라고 믿었던 것이다. 이러한 생각에 근거하여 홉스는 문명의 출발이야말로 폭력적 죽음으로부터 탈피하기 위한 자아보존의 욕구에 기인한 것이라고 주장하게 되었다.

또한 홉스는 자아보존의 욕구와 더불어 인간의 감성을 강조하였다. 그는 이성(Reason)이란 생존을 위한 계산(Calculation)에 불과한 것으로 보고, 본성으로써 이성의 존재를 거부하고 있다. 실제로 서양사회에서 고대철학이 강조한 이성에 최초로 반기를 든 사람은 이탈리아의 정치철학자인 마키아벨리(Niccolò Machiavelli, 1469~1527)였다. 그는 『군주론(The Prince)』에서 인간은 감성적 존재로서 그 삶이란 하나의 욕망에서 다른 욕망으로의 끝없는 전환을 의미한다고 말하고 있다.

고대 서양철학의 태두로서 플라톤(Platon, 기원전 427~347)이나 아리스토텔레스(Aristoteles, 기원전 384~322)는 완전한 행복의 상태 혹은 진리로써 '이데아(Idea)'나 '에이도스(Eidos)'를 강조하고, 이를 위해 필요한 '순수지식(Genuine Knowledge)'은 바로 이성을 통해 찾을 수 있다고 주장하였다. 이는 이성이야말로 인간만이 가진 유일한 진리추구의 도구라는 말이다. 그리고 고대 철학자들은 인간의 모든 감성이 이성의 힘으로 조절될 때 비로소 참 행복을 맛볼 수 있다고 주장하였다.

결과적으로 당시 마키아벨리가 말한 이성에 대한 부정과 감성 강조는 서양 철학사에 획기적인 변화를 가져 왔다고 해도 과언은 아니다. 왜냐하면 인간성 연구에 관하여 고대와 근대철학의 특징은 방법론적인 차이와 함께 이성과 감성의 강조에 따라 구별되기도 하기 때문이다. 즉 고대 철학이 이성을 강조하였다면 근대철학은 감성을 강조하고 있다는 것이다. 물론 근대에 와서도 루소(Jean Jacques Rousseau, 1712~1778)나 칸트(Immanuel Kant, 1724~1804), 헤겔(Georg Wilhelm Friedrich Hegel, 1770~1831) 등은 다시 고대철학의 이성 강조로 돌아가려는 경향을 보이기도 하였다.

그렇다면 이성을 강조한 근대철학자들은 어떻게 설명할 수 있을까? 20세기 최고의 철학자인 스트라우스(Leo Strauss)는 그의 저서인 『정치철학이란 무엇인가(What Is Political Philosophy?)』에서 감성 강조와 경험적 방법론을 근대철학의 양대 특징으로 제시하였다. 즉 마키아벨리와 홉스의 감성 강조 흐름을 '근대의 제1물결(The First Wave of Modernity)'이라 부르고, 다시 고대철학의 이성 강조로 돌아가려는 흐름을 '근대의 제2물결(The Second Wave of Modernity)'이라고 칭하고 있는 것이다. 이는 루소, 칸트, 헤겔 등이 이성을 강조하였지만 고대철학의 추상적인 방법론에서 벗어나 데카르트(René Descartes, 1596~1650)로부터 강조되어 온 경험적인 방법론을 택함으로써 근대철학의 또 다른 흐름을 주도했다는 것을 의미한다.

고대와 근대철학을 구별하는 핵심요소로 방법론만을 강조한다면 데카르트가 근대철학의 문을 열었다고 볼 수도 있다. 여기서 마키아벨리는 데카르트가 주장한 정교한 경험적 혹은 기술적 방법론을 택했다고는 볼 수 없기에 근대철학의 시조로 보는 데는 무리가 있다. 그러나 스트라우스는 마키아벨리와 홉스가 고대철학의 이성에 대한 강조를 부정하고 감성을 강조하였다는 점에서 근대 철학의 제1물결로 이해한 것이다. 이는 이성을 부정하고 감성을 강조한 흐름이 근대의 문을 본격적으로 열었음을 의미하는 해석이라고 볼 수 있다. 따라서 인간성 연구에 초점을 두고 있는 필자는 마키아벨리를 근대철학의 시조로 봐야한다고 주장하고 있다.

그런데 이성을 강조한 헤겔을 중심으로 한 독일의 이상주의에서는 니체(Friedrich Wilhelm Nietzsche, 1844~1900)라는 독특한 철학자가 나오게 된다. 니체야말로 헤겔의 이성 강조에 반기를 들고 다시 마키아벨리나 홉스가 주장한 감성의 중요성을 강조하였기 때문이다. 그는 『선과 악을 넘어서(Beyond Good and Evil)』라는 저서를 통해 이 세상에 절대 선과 절대 악은 존재하지 않음을 분명히 하고 있다. 이야말로 고대철학의 목적론에 근거한 이성의 힘을 철저히 거부한 것이라고 할 수 있다. 뿐만 아니라 니체는 홉스가 주장한 자아보존을 뛰어넘어 인간에게는 '자아실현(Self-Realization)'이라는 욕망이 보다 근원적이라고 주장하고 있다.

실제로 프로이트의 심리학 혹은 정신분석학의 출발은 이러한 감성 강조 철학의 흐름 속에서 잉태된 것이다. 앞서 지루하지만 서양철학에 있어서 이성과 감성의 문제를 언급한 것은 바로 이 때문이다. 따라서 필자는 니체와 프로이트에 의한 또 다른 감성강조 흐름을 '근대의 제3물결(The Third Wave of Modernity)'이라고 감히 칭하고 있다.

마키아벨리와 홉스 그리고 니체의 철학적 배경을 가진 프로이트는 드디어 인간 감성의 본질로써 본능에 대한 연구를 구체화하였다. 그는 1905년에 펴낸 『성이론에 대한 세 편의 에세이(Three Essays on the Theory of Sexuality)』에서 본능이란 "어떤 일을 하기 위하여 마음에서 빚어진 욕구(demand make upon mind for work)"라고 규정하고 있다. 그리고 그 욕구의 본질로써 성적(Sexual)인 것과 자아보존(Self-Preservation)을 지적하고 나섰으니 일면 홉스의 이론을 더욱 발전시킨 것으로 보인다. 그러나 그는 자아보존보다는 성적인 본능을 더 강조하여 홉스와 구별되는 새로운 정신분석학적인 본능이론을 구축하기 시작했다. 특히 그가 인간심리의 핵심으로 사랑을 의미하는 '리비도(Libido)'라는 용어를 제시한 것은 이를 잘 반영하고 있다.

물론 리비도 이론은 후일 많은 비판을 받기도 하였다. 즉 인간심리의 근원을 사랑만으로 강조한다는 이유 때문이었다. 그래서인지 프로이트는 1920년부터 그의 본능 이론에 새로운 의미를 추가했는데 1930년에 발표한 『문명과 그 불만족(Civilization and Its Discontents)』이라는 유명한 저서에서 인간의 양대 본능으로 '사랑(Eros)'과 '죽임 혹은 공격(Thanatos or Aggression)'을 제시하게 된다. 이는 한마디로 인간은 본능적으로 타인과 어떤 생명체 혹은 사물을 사랑하는 정서를 가지고 있을 뿐만 아니라 동시에 다른 생명체와 사물 그리고 타인과 심지어 자신까지 해치려는 공격성도 가지고 있다는 것이다.

프로이트가 Eros의 대칭어로 사용한 Thanatos는 흔히 '죽음'으로 이해하기 쉽다. 그런데 필자가 굳이 '죽임'으로 표현한 이유는 프로이트가 말하는 양대 본능으로써 Thanatos는 타 생명체 혹은 사물에 대한 공격성 내지는 파괴적 성질을 강조하는 것이기 때문이다. 영어로 'Aggression'이라고 말하는 이유도 바로 이 때문이다.

프로이트는 인간 문명의 진화는 사랑의 본능 때문이며, 수많은 전쟁과 문명의 파괴행위는 바로 죽임의 본능 때문이라고 주장했다. 따라서 프로이트의 본능이론이란 인간의 모든 욕구 그리고 행위는 바로 의식을 넘어선 사랑과 죽임이라는 본능에 기인하고 있음을 강조한 것이다.

대인정신분석학(Interpersonal Psychoanalysis)

프로이트의 본능이론은 인간행동에 관한 연구가 활기를 띠면서 커다란 비판에 직면한다. 즉 인간의 본질적 심리 및 행동의 근저에는 오직 본능만이 작동하는가라는 의문이 대두되었다. 따라서 일부 학자들은 프로이트의 본능이론은 자아를 형성하는 외부적 영향을 간과한 것이라고 비판하기 시작하였다. 이러한 비판은 설리번(Harry Stack Sullivan, 1892~1949)이라는 정신분석학자에 의해 주도되었다. 설리번은 『정신병리학의 대인관계이론(Interpersonal Theory of Psychiatry)』이라는 저술을 통해 프로이트는 인간의 본능적인 요소를 너무 강조함으로써 외부환경이 심리현상에 미치는 영향을 무시하였다고 주장하고, 외부의 문화적 요인을 심리현상에 영향을 미치는 중요한 요소로 강조하였다. 이는 자아란 단순히 본능에만 의지하는 것이 아니며 타인과의 관계와 외부 환경적 요인에도 강력한 영향을 받는다는 말이다.

정신분석학에서는 자아에 미치는 외부의 영향을 내사

(Introjection)라고 말하는데, 한마디로 말하면 설리번은 자아 형성에 내사의 요소를 강조하고 있다. 이와 같은 설리번의 주장은 '대인정신분석학(Interpersonal Psychoanalysis)'이라는 새로운 학파를 형성하기에 이른다. 그리고 대인정신분석학은 사회학의 영향과 함께 후일 미국 정신분석학의 흐름에 큰 영향을 주었으며, 소위 문화양상에 따른 성격형성에 관한 연구를 활성화시키기도 하였다. 대인정신분석학 이론을 따르는 학자들을 우리는 흔히 '신프로이트학파(Neo-Freudian School)'라고 부른다. 프로이트 본능이론에 대한 새로운 환경적 영향을 강조하였기 때문이다.

따지고 보면 『자유로부터의 도피(Escape from Freedom)』를 쓴 프롬(Erich Fromm, 1900~1980)이나 『고독한 군중(The Lonely Crowd)』을 쓴 리스만(David Riesman, 1909~2002) 등이 바로 신프로이트학파의 대표적인 인물이다. 프롬은 제2차 세계대전 직전 출현한 독일의 나치(Nazi)는 제1차 세계대전 이후 마음의 공허함을 느낀 독일 국민이 민족의 부활을 꿈꾸는 국가에 대한 복종을 택한 결과로 규정하면서, 인간은 환경에 따라 자유보다는 구속을 택할 수도 있음을 역설하고 있다. 그리고 리스만은 산업사회에서 인간은 기계의 발달로 인해 인간적 외로움을 갖게 된다고 말하고 있으니 이 또한 자아 형성에 있어서 환경적 요인을 강조한 것이다.

비판이론가로 널리 알려진 호르크하이머(Max Horkheimer, 1895~1973), 마르쿠제(Herbert Marcuse, 1898~1979), 아도르노(Theodor Adorno, 1903~1969), 하버마스(Jurgen Habermas, 1929~) 등이 주도한 독일의 프랑크푸르트학파도 역시 인간의 행동이나 사고형성에서 환경적 영향을 강조하고 있다. 이들은 환경의 영향을 강조하는 공산주의의 창시자인 마르크스(Karl Marx, 1818~1883)의 인간 소외론을 정신분석학적 입장에서 다룬 '문화적 마르크스주의자(Cultural Marxist)'라고 불리기도 한다. 따라서 이들도 넓은 의미에서 정신분석학의 신프로이트학파와 깊은 연관을 가지고 있다고 볼 수 있다.

대상관계이론(Object Relation Theory)

그러면 인간의 심리란 본능에 근거한 것일까? 아니면 환경에 지배를 받는 것일까? 이러한 질문에 쉽게 답하기는 어렵다. 왜냐하면 인간은 하나의 생명체로서 본능적 요소를 무시할 수 없으며, 또한 사회적 동물로서 환경적 영향을 무시할 수도 없기 때문이다. 조금 전문적으로 이야기하면 환경적 영향이라고 하는 내사적 요인도 부정하기 어렵지만, 본능적으로 환경을 향하여 반응하는 투사(Projection)적 요인도 무시할 수 없다는 것이다.

이러한 이유로 환경적 요인을 강조하는 대인정신분석학은 다시 커다란 도전에 직면하게 된다. 만약 우리의 심리가 외부 영향에만 좌우된다면 이는 마르크스가 주장하는 환경적 결정주의(Determinism)의 한계를 극복할 수 없기 때문이다. 따라서 건트립(Harry Guntrip, 1901~1975)은 『성격구조와 인간의 상호영향(Personality Structure and Human Interaction)』이라는 저서를 통해 설리번의 대인정신분석학은 프로이트 정신분석학의 본질적 요소를 충분히 이해하지 못하고 있다고 비판하였다.

프로이트의 정신분석학에 대한 진의를 파악하고 대인정신분석학의 과도한 외부영향 강조를 비판하는 정신분석학자들은 새로운 흐름을 만들게 되는데 이것이 바로 영국의 정신분석학자인 클라인(Melanie Klein, 1882~1960)이 주도한 '대상관계이론(Object Relation Theory)'이다.

클라인은 설리번과는 달리 본능(Drive or Instinct)을 대상(Object)과 분리하지 않았다. 그리고 프로이트의 본능에 대한 이론을 새롭게 해석하였다. 사실 프로이트는 우리 몸을 단순히 본능의 소산이라고 보았다. 그러나 클라인은 "감성 전이의 근원(Origin of Transference)"이라는 글을 통해 프로이트와는 달리 본능이란 타인을 향한 감성(Emotion or Passion)이라고 파악하였다. 클라인은 관찰을 통해 환경에 적응이 미숙한 어린 아이라도 자신을 돌보는 어머니를 감성적으로 좋게 느끼면 사랑하고, 나쁘게 느끼면 미워한다는 사실을 발견하였다. 이러한 관찰은 프로이트가 주장하는 본능으로써 사랑과 죽임 혹은 공격성이란 대상을 떠나서 존재하는 것이 아니라 대상과의 관계 속에서 생성되는 인간 감성의 핵심적 요소라는 것을 의미한다.

결국 클라인은 프로이트가 주장한 사랑과 죽임이라는 양대 본능을 자아형성기에 타인과의 관계에서 형성된 사랑(Love)과 미움(Hate)이라는 양대 감성으로 재해석했다. 그리고 클라인은 인간의 여타 감정, 즉 부러움, 즐거움, 슬픔 등은 사랑과 미움이라는 본질적 감성에서 유래한 하위 감정들이라고 주장하기에 이른다. 이러한 그녀의 해석은 결국 인간의 자아란 내사와 투사를 통하여 형성됨을 강조한 것이다. 여기에서 필자는 투사란 외부환경에 대해 자아가 쏘아대는 하나의 반응이라는 점을 강조하고자 한다. 같은 환경에서 자란 사람들이라도 각자 외부적 환경을 향해 발산하는 감성적 의미가 달라 서로 다른 심리적 특성을 가질 수 있기 때문이다. 따라서 자아는 외부적인 대상과 자아 간에 이루어지는 내사와 투사를 통해 형성된다는 새로운 이론이 형성되었다.

나아가 클라인은 대상이라는 범위를 외부적인 대상뿐만 아니라 내적대상(Internal Object)으로까지 확대하고 있다. 즉 자신의 신체 일부도 무의식적인 대상이 될 수 있다는 것이다. 이러한 발상은 자아의 구조를 단순형으로 보는 것이 아니라 복합형으로 이해하자는 것인데, 자아의 일부가 자아의 또 다른 대상이 될 수 있음을 의미한다. 사실 프로이트나 설리번은 대상이란 자신의 밖에 존재하는 어떤 실체라고만 생각했다. 그러나 클라인에게 대상이란 외부의 존재일 뿐만 아니라 자신의 내부에도 존재할 수 있음을 의미하니, 이로 인해 현대 정신분석학은 무의식의 동적 양상을 보다 입체적으로 연구하는 길을 연 것이다. 따라서 클라인이 주창한 이론을 우리는 대상관계이론이라고 부르며 이는 현대정신분석학의 주류적 입장으로 성장하게 되었다.

역사학자면서 정신분석적 사회이론에 관심을 가진 래시(Christopher Lasch, 1932~1994)는 1970년대 말 큰 호응을 얻은 그의 저서 『자기도취적 문화(Culture of Narcissism)』에서 대상관계이론을 염두에 두고 현대 정신분석이야말로 사회와 개인 혹은 문화의 성격을 입체적으로 설명해주는 좋은 재료를 제공하고 있음을 역설하였다. 또한 정신분석학자로서 미국 정신분석학계의 중요한 위치를 차지하고 있는 볼칸(VamiK D. Volkan, 1932~)은 그의 저서 『적과 동지의 필요성(The Need to Have Enemies and Allies)』에서 현대 정신분석학은 내적 요구와 이에 상응하는 외적 영향을 동시에 파악하는 것이라고 말함으로써 대상관계이론의 유용성을 강조하였다.

무의식의 본질

무의식(The Unconscious)

프로이트에 따르면 우리가 인식하고 있는 것은 우리 내부에 자리하고 있는 거대한 본질적 요소 중 극히 일부다. 따라서 우리는 흔히 의식을 빙산에 비교하여 물 위에 있는 아주 조그마한 실체로 설명한다. 이 말은 우리의 마음에는 의식하지 못하는 거대한 무엇이 있다는 것이다. 마치 물속에 잠겨 있는 빙산의 거대한 부분처럼 보이지 않는 실체, 그것을 프로이트는 무의식이라고 정의하였다. 그리고 '그 어떤 것'이라는 독일어의 'Es' 그리고 영어의 'It'의 의미를 가진 라틴어 '이드

⒤'라는 용어를 사용하여 실체를 규명하려고 하였다.

이러한 무의식은 우리의 마음속에 존재하고 있다가 의식하지 못하는 사이에 불쑥불쑥 튀어나와 의식은 물론 행동에까지 절대적 영향을 미친다. 프로이트의 본능이론에 근거하면 이드 혹은 무의식의 실체는 본능으로도 요약될 수 있다. 그러나 프로이트의 본능이론을 넘어서 새로운 활로를 찾고 있는 현대 정신분석학에서는 이러한 무의식을 우리 마음의 감성적 본질이라고 확대하여 이해한다. 우리는 현실생활 속에서도 흔히 이러한 무의식의 존재를 느낀다. 우리의 행동은 나도 모르는 사이에 자신의 의식적 통제를 벗어나는 경우가 허다하기 때문이다.

20세기 과학의 발전에 영향을 받아 인간 행동도 과학적인 분석이 필요하다는 명분으로 1950년대 이 후 한동안 '행태주의(Behavioralism)'가 만연했던 적이 있다. 행태주의는 인간의 인식(Cognition)이 태도(Attitude)를 만들고 태도가 인간 행동(Behavior)에 영향을 준다는 가설 하에 인간행동 연구를 하였는데, 인식 혹은 의식과 태도에 대한 조사를 활발히 전개하기도 하였다. 따지고 보면 지금까지 행해지고 있는 의식 및 여론조사 등은 이러한 행태주의 발상에 근거하여 출발된 방법이라고 할 수 있다.

그런데 주지하듯이 인간의 행동은 의식적인 요소에만 절

대적으로 영향을 받는 것은 아니다. 예를 들면 선거철에 어떤 후보에게 표를 던지겠느냐고 물어보면 A라고 답하고는 실제로는 B나 C를 선택하는 경우도 허다하다. 뿐만 아니라 가치에 관한 문제에 있어서는 의식적인 발언과 실제행동 간에 더 큰 간격이 생기기도 한다. 즉 어떤 사람을 국회로 보내야 한다고 생각하느냐고 물으면 대개 청렴하고 봉사정신이 투철한 사람이라고 대답하지만, 실제로는 인간적 관계 혹은 이해관계에 따라 자기의 의식과는 다르게 투표하는 경우가 있다는 것이다.

의식과 행동의 괴리야말로 우리 내부에 있는 무의식의 영향에 기인한 것이다. 따라서 무의식의 동적 양상을 연구하는 현대 정신분석학은 인간의 정신질환을 치료하는 정신의학의 범위를 넘어서서 인간 행동 연구와 다양한 사회현상을 연구하는 데까지 영향력을 확대하였다. 이러한 흐름은 소위 '정신분석적 사회 혹은 정치이론(Psychoanalytic Social or Political Theory)'이라는 새로운 영역을 탄생시키기도 하였다.

이제 정신분석학은 정신질환치료의 범위를 훨씬 뛰어넘어 사회이론을 포함한 인간행동에 관련된 모든 연구에 기초 자료를 제공해 주는 역할까지 담당하게 된 것이다. 우리 내부에 우리도 알지 못하게 자리하고 있으면서도 우리의 행동에 절대적으로 영향을 미치고 있는 무의식의 실체를 알지 못하고 어찌 우리 행동의 원인을 밝힐 수 있을까?

집단무의식(The Collective Unconscious)

실제로 인간의 무의식적 특성은 개인마다 편차가 크기에 몇 가지 유형으로 분류하기 매우 어렵다. 앞서 언급하였듯이 개인마다 내사와 투사의 양상이 다를 수 있기 때문이다. 이러한 결과는 정신질환 치료에서도 흔히 나타난다. 즉 정신적인 장애를 보이는 현상은 비슷하다 하더라도 원인은 각기 전혀 다른 근거를 가질 수 있기에 서양의 정신질환 치료방법이 문화의 속성이 다른 동양에서 실효성이 떨어질 수도 있다는 것이다. 이는 무의식의 형성에 있어서 문화에 따른 내사와 투사의 양상이 다르다는 것을 말한다. 이런 관점에서 보면 정신분석학은 과학적 요소에 더하여 해석학적 의미도 다분히 가지고 있다. 일부에서 정신분석학을 철학적 입장에서 '의미론((Theory of Meaning)'으로 이해하려는 경향이 있음은 이러한 이유에서다.

이처럼 인간의 무의식에 다양한 편차가 있다면 자연히 집단무의식이라는 의미가 성립될 수 있는가라는 질문이 야기된다. 그리고 한편으로 인간은 개인적으로 있을 때와 어느 집단에 소속되어 있을 때 어떤 감성적 변화를 가져오는가라는 질문도 동시에 야기될 수 있다. 이런 질문에 따라 정신분석학에서는 집단무의식의 연구가 진행되기 시작하였다. 따라서 집단무의식에 대한 연구는 정신분석학의 입장에서 인간의 심리를 보다 폭넓게 이해하는데 의미 있는 실마리를 제공할 수 있을 것이다.

프로이트는 1921년『집단심리와 자아이상의 분석(Group Psychology and The Analysis of the Ego Ideal)』이라는 저서를 통해 집단심리에 대한 자신의 연구결과를 발표하였다. 그는 본 연구에서 인간의 심리는 개인적으로 있을 때와 어느 집단에 속해 있을 때 그 양상에 차이가 있다는 점을 지적함으로써 후일 집단 심리연구에 기초를 제공하였다. 이러한 주장은 인간이 평소 개인적으로 있을 때와 어느 집단에 속해 있을 때 완전히 다른 행동을 보일 수 있다는 데서 착안된 것이다. 그리고 결과로써 특정 집단의 특성 혹은 그 집단의 지도자 성격에 따라 구성원의 심리적 현상이 변할 수 있음을 지적하고 있다. 평소에는 매우 얌전했던 사람이 어떤 군중집회에서 거친 행위를 보이는 경우 등이 바로 이러한 예다.

프로이트에 의해 시작된 집단심리 혹은 집단무의식의 연구는 후일 바이언(Wilfred Ruprecht Bion, 1897~1979)에 의해 보다 진전을 보게 된다. 그는『집단 속의 경험 및 기타연구(Experiences in Group and Other Papers)』라는 저서를 통해 집단의 특징에 따른 구성원의 심리적 변화를 비교적 자세히 기술하고 있다. 그에 따르면 집단은 구성원의 심리적 현상에 따라 크게 세 가지, 즉 '종속성(Dependency)' '투쟁성(Fight-Flight)' '재생산성(pairing or Reproduction)'으로 분류될 수 있다. 종속집단이란 구성원의 심리가 집단의 지도자에 완전히 종속되는 경우를 말하며, 투쟁집단이란 집단의 목적이 투쟁성을 가지는 경우고, 재생산적 집단이란 현재에는 집단의 목적을 달성할 지도자가 없기에 목적을 달성할 수 있는 후일의 지도자를 기대하는 경우를 말한다.

이러한 프로이트나 바이언의 연구에 힌트를 얻는다면 대상관계이론의 입장에서도 집단무의식의 실체를 설명할 수는 있을 것이다. 이는 개인의 무의식 형성이 자아와 외부의 끊임없는 내사와 투사로 형성된다면, 집단 구성원의 무의식도 집단이 맞이하는 외부환경 혹은 대상과 집단이 외부로 발산하는 공통적인 투사적 요인이 있을 수 있다는 전제에 근거를 두고 있다. 여기에는 또 하나의 설명이 필요하다. 앞서 개인의 심리형성에서 외부의 환경이나 대상을 향해 발산하는 투사적 요인은 각자에 따른 다양성이 존재한다고 하였기 때문이다. 그렇다면 집단의 구성원들에게도 다양성이 존재할 것인데 어떻게 그들의 공통된 무의식적 투사를 찾을 수 있다는 것일까?

이 질문에 대한 답은 앞서 설명한 프로이트나 바이언의 집단심리 연구에서 실마리를 찾을 수 있다. 그들은 집단이 가지는 목표나 목적 그리고 지도자가 가지는 성격에 따라 집단 구성원들의 심리현상에 공통점이 발생함을 관찰을 통해 발견하였다. 이는 바로 집단 구성원의 외부대상이나 환경에 대한 투사에서 공통점이 있다는 것을 의미한다. 그렇다면 우리는 과감하게 집단 무의식을 논을 할 수 있을 것이다. 예를 들어 '민족성'이라는 개념은 이러한 의미에서 충분히 설명 될 수 있다. 민족에 따라 구성원들이 공통 목표를 가지고 있는 한, 민족이라는 이름 아래 외부의 환경에 대한 공통적인 투사양상을 보일 수 있기 때문이다. 일반적으로 우리 사회에서도 서울, 전라도, 경상도, 충청도, 강원도 사람들이 가지는 독특한 심리와 성격적 경향도 이러한 지역의 특성에 따른 공통적 투사의 결과다.

그럼에도 불구하고 대상관계이론의 입장에서 집단무의식의 연구는 아직 활발히 진전되지 못하고 있다. 그러나 필자는 앞서 제시한 이론적인 실마리를 배경으로 집단무의식의 연구가 보다 활발히 전개될 것으로 믿는다. 따지고 보면 사회현상은 개인뿐만 아니라 집단에 의해 강력한 영향을 받는다. 따라서 정신분석학적 입장에서 사회현상을 분석하는 데는 집단무의식의 연구가 동반될 수밖에 없다.

여기에서 하나 첨가할 내용은 스위스의 정신분석학자인 융(Carl Gustav Jung, 1875~1961)의 집단무의식에 대한 이해다. 그는 집단무의식을 설명하면서 '원형(Archetypes)'이라는 독특한 개념을 사용하고 있는데, 이는 인간 내부에 존재하는 조상이 경험한 어떤 흔적을 의미하고 있다. 인간들이 공통으로 가지고 있는 무의식이란 조상이 공통으로 가졌던 흔적이라는 것이다.

융의 이론은 동양적 요소도 일부 가지고 있는 것으로 보이며 매우 추상적인 개념이기 때문에 이에 대한 활발한 계승 연구가 이루어지지는 못하였다. 한편 융의 정신분석학은 프로이트와는 괘를 달리하기 때문에 현대 정신분석학의 주류인 대상관계이론의 입장과는 연결성이 적어졌다. 다만 대상관계이론을 따르는 필자는 조상과 후손 간에 공통적인 목적이 존재한다면 그러한 의미가 대를 이어 투사의 형태로 계승될 수도 있다는 생각을 어렴풋이 할 뿐이다.

무의식의 형성과 심리구조

무의식의 형성

한마디로 정신분석학은 자아형성에 대한 이해에 따라 새로운 접근 내지 이론의 변화를 가져 왔다고 해도 과언은 아니다. 프로이트 이래 무의식의 존재를 인정하는 데는 이의가 없었지만 무의식의 형성에 대한 문제에는 시각의 차이가 있어 왔다는 것이다. 필자가 자아와 무의식을 혼용한 이유는 자아의 본질을 이루고 있는 것이 무의식이며, 무의식 자체가 자아의 핵심개념이기 때문이다.

프로이트는 그의 본능이론에서 본능을 무의식의 핵심으

로 이해하려는 경향이 있었다. 이에 대해 본능적 요소보다 외부환경이나 대상이 자아에 미치는 영향이 무의식의 형성에 절대적이라고 보는 시각은 앞서 지적한 바와 같이 대인정신분석학을 형성하기에 이르렀다. 그리고 대인정신분석학의 외부 영향 강조는 프로이트 정신분석학의 본의를 왜곡한 것이라고 보면서, 자아가 외부의 대상이나 환경에 반응하는 감성적 발산을 프로이트의 본능이론과 연결하는 것이 대상관계이론이라는 점을 앞서 충분히 설명하였다.

따라서 현대 정신분석학은 자아의 형성 혹은 무의식의 형성이란 자아와 외부의 환경 내지는 대상과의 끊임없는 내사와 투사를(Introjection and Projection between Self and Outside World) 통하여 이루어진다는 대상관계이론의 시각을 일반적으로 받아들이고 있다. 그리고 태어나서 6~7세까지 자아와 대상과의 상호작용이 자아 혹은 무의식의 형성에 절대적인 영향을 미친다고 보는 것이 일반화되고 있다. 정신질환 치료에서 어린 시절의 경험을 중요한 단서로 이용하는 것도 바로 이런 이유에서다. "세살 버릇이 여든까지 간다"라는 속담도 따지고 보면 정신분석학의 무의식형성이론과 일맥상통한다.

예를 들면 나의 무의식은 어린 시절 나를 길러준 어머니 아버지, 일가친척을 비롯하여 수많은 주변 사람과의 관계를 통하여 형성된다. 나아가 자기가 자란 환경적 요소와의 관계

속에서 이루어진다. 즉 자신이 태어난 나라와 지역 심지어 자기 마을의 동구 밖 정자나무, 집 앞 강물, 뒷산 등과의 관계도 무의식에 영향을 준다는 것이다. 구체적으로 말하면 그러한 관계 속에서 일부는 외부의 대상이나 환경에 영향을 받지만, 또 한편으로는 그 대상이나 환경을 향하여 반응하는 자아의 감성적 요소에 의하여 자신만의 독특한 무의식이 형성된다는 것이다. 예를 들면 나쁜 환경에서 자라도 사회적으로 건전해 질 수 있고, 반대로 좋은 환경에서 자라도 사회적으로 퇴행성을 보일 수 있는 것은 주어진 환경을 향해 반응하는 자아의 강력한 투사적 성질 때문이다.

인간의 심리구조

프로이트는 1923년에 인간의 심리구조를 설명한 "자아와 이드(The Ego and Id)"라는 논문을 발표하였다. 논문에 따르면 이드란 무의식의 전체를 말하며 자아란 이드의 덩어리를 내포하고 있는 자신으로 설명된다. 그리고 이드는 근본적으로 두 개의 본능 즉 사랑과 죽임의 욕구로 이루어졌으며, 자아는 상황에 따라 둘 중 어느 하나를 선택하여 표출한다. 이러한 자아의 의미에 프로이트는 '초자아'라는 새로운 개념을 하나 더 추가했다. 초자아란 독일어로는 'das Under-Ich'

며 영어로는 '나를 넘어선다'라는 'Above I'의 의미가 있기에 'Superego'라고 말한다. 초자아는 자아의 위에 있기 때문에 현실에서 자아의 욕구를 억제하는 역할을 한다. 그렇다면 프로이트에 있어서 인간심리는 이드, 자아, 그리고 초자아로 형성되었다고 할 수 있다. 이때 자아를 좁은 의미로 해석하면 이드에 영향을 받아 본능대로 움직이려는 욕구로, 초자아는 본능대로 움직이려는 자아의 욕구를 현실에 맞게 억제하려는 또 다른 무의식적 욕구로 볼 수 있다.

이러한 프로이트의 심리구조 해설은 1921년에 발표된 『집단 심리와 자아의 분석』에서 제시한 '자아이상(Ego Ideal)'의 개념과 연결하여 볼 때 일련의 혼동을 가져온다. 자아라는 의미가 본능대로 움직이는 욕구라면 자아이상이란 과연 무엇인가? 프로이트를 연구하는 학자들에게 이 문제는 많은 혼동을 가져오기에 충분하다. 왜냐하면 프로이트의 이론에서 자아이상은 본능을 찾아 행동하는 자아의 의미로 설명되기도 하고, 초자아의 하위개념으로도 이해될 수 있기 때문이다.

프로이트 이론의 해석가인 홀(Calvin S. Hall, 1909~1985)은 『프로이트 심리학의 핵심(A Prime of Freudian Psychology)』이라는 저서에서 초자아는 두 개의 요소로 이루어지고 있는데, 하나는 자아이상이며 다른 하나는 '양심(Conscience)'이라고 설명하고 있다. 이때 자아이상이란 부모가 도덕적으로 좋다고 느껴지는 점을 따르려는 욕구며, 양심이란 부모가 도덕적으로 나쁘다고 느껴지는 점을 회피하려는 욕구다. 따라서 홀의 해석에서 자아이상은 초자아의 하위개념이 되는 것이다.

그러나 홀의 해석은 많은 정신분석학자들에 의해 부정되고 있다. 『아버지 없는 사회(Society without Father)』라는 저서로 널리 알려진 독일의 미체를리히(Alexander Mitscherlich, 1908~1982)는 초자아란 어린이가 자라면서 사회적 규범을 따르려는 무의식적 욕구며, 자아이상이란 자아의 만족을 위해 생성되는 무의식적 욕구라고 설명했다. 그렇다면 미체를리히는 자아이상을 초자아의 하위개념으로 본 것이 아니라 프로이트가 주장한 본능적인 쾌락을 추구하려는 요소로 본 것이기에 초자아와는 대칭적 의미를 가지게 된다.

이러한 혼동은 프랑스 정신분석학자인 샤스귀에르 스미젤(Janine Chasseguet-Smirgel, 1928~2006)에 의해 보다 명쾌히 구별되고 있다. 그녀의 저서인 『자아이상(The Ego Ideal)』에서는 자아이상을 초자아의 하위개념이 아닌 대칭개념으로써 그 특징을 명확히 규명하고 있다. 그녀의 설명에 따르면 자아이상이란 '원초적인 자아도취의 완전성(Primary Narcissistic Perfection)'으로 회귀하려는 무의식적인 욕구며, 초자아는 오이디푸스 콤플렉스(Oedipus Complex)를 거치면서 현실에 대한 의미를 깨닫게 될 때 이를 따르려는 무의식적인 욕구라는 것이다. 이러한 그녀의 해석은 현대 정신분석학의 주류적 입장에 있는 대상관계이론에서 일반적으로 받아들이고 있다.

이 문제는 조금 더 자세한 설명이 필요하다. 샤스귀에르 스미젤은 어린 아이는 어머니 배 속에 있을 때는 현실의 고통을 모르기 때문에 이 상태를 '원초적 자아도취의 완전성 (Primary Narcissistic Perfection)'이라는 개념으로 설명하였다. 그런데 인간에게는 한 번 경험한 기쁨을 다시 찾으려는 본능이 있기 때문에 자라나면서부터 일생을 통해 지속적으로 자아도취적 완전성을 추구한다. 이를 정신분석학에서는 '어머니 자궁 속으로 다시 돌아가려는 욕구(Wish to Return to the Mother's Womb)'라고 말하기도 한다. 따라서 샤스귀에르 스미젤은 자아이상이야말로 원초적 자기도취의 완전성을 찾으려는 '기쁨의 원리(Pleasure Principle)'에 근거한 욕구라고 규정하고 있다. 이는 인간의 본질적인 소망에 관한 프로이트의 설명에 근거한 해석이라고도 할 수 있다.

프로이트에 따르면 어린아이는 막 태어났을 때 어머니와 자신을 분리하지 못한다. 그러나 6~7세가 되면서 어머니 사랑의 대상은 자신이 아니라 아버지인 것을 깨닫는데 이것이 인간이 최초로 느끼는 좌절감이다. 뒷장에서 보다 자세히 설명하겠지만 이러한 과정을 프로이트는 오이디푸스 콤플렉스라는 개념으로 설명하고 있다. 이는 어린아이가 오이디푸스 콤플렉스를 거치면서 현실의 의미를 깨닫게 된다는 것을 말한다. 따라서 샤스귀에스 스미젤은 초자아를 오이디푸스 콤플렉스를 거치면서 싹트는 '현실의 원리((Reality Principle)'를 따르려는 욕망으로 본 것이다. 물론 초자아에 대한 개념은 프로이트도 이와 같이 설명하였으며 앞서 지적한 홀도 같은 방향으로 이해하고 있다. 따라서 필자는 초자아라는 의미를 자아이상의 대칭개념으로써 보다 명백히 규정하기 위해 '자아억제'라고 말하기도 한다.

이렇게 보면 현대 정신분석학의 입장에서 인간 심리구조의 특성은 보다 명백해진다. 즉 자아(Ego or Self)는 거대한 이드의 덩어리로 형성됐는데, 이드는 다시 자아이상과 초자아라는 두 개의 욕구로 이루어진다. 우리 사회에서는 아직 홀의 해석을 따르는 학자들이 있는데, 이는 현대 대상관계이론에서 인정하는 심리구조의 특성을 간과한 결과다. 따라서 필자는 자아이상과 초자아의 대칭적 의미를 보다 강조하고자 한다.

정서발달 방향의 본질과 한국적 경향

오이디푸스 콤플렉스와 엘렉트라 콤플렉스(Electra Complex)

프로이트 정신분석학에서 정서발달에 대한 핵심적인 개념은 오이디푸스 콤플렉스다. 이 개념은 실제로 프로이트의 본능이론과도 밀접한 관련이 있다. 동 개념은 프로이트가 그리스의 소포클레스(Sophocles, 기원전 496~606)가 쓴 비극 중의 하나인 『오이디푸스 왕(Oedipus the King)』에서 차용된 개념이다. 자기의 생부를 죽이고 자기의 생모와 결혼하는 오이디푸스 왕의 비극적 운명을 보면서 프로이트는 인간의 사랑과 죽임이라는 양대 본능의 본질을 찾은 것이다.

구체적인 설명을 위해 잘 밝혀지지 않는 내용까지 포함하여 그 줄거리의 핵심을 말하지 않을 수 없다. 그 요지는 다음과 같다.

고대 그리스의 도시국가인 테베(Thebes)에 라이우스(Laius)라는 왕이 살았는데, 델피(Delphi)에 있는 신탁을 받은 예언자 아폴로(Apollo)로부터 아들을 낳으면 그 아이가 자신을 죽일 것이라는 예언을 듣는다. 원래 라이우스는 동성애자기 때문에 아내인 이오카스테(Jocasta)와 잠자리를 거의 하지 않았다. 그러던 어느 날 술에 취해 아내와 잠자리를 하였고 오이디푸스가 태어난 것이다. 불길한 예언이 생각난 라이우스는 하인에게 오이디푸스를 산에 버리라고 명령하였다. 그러나 하인은 옆 나라인 코린스(Corinth)의 왕 폴리부스(Polybus)가 자식이 없다는 말을 듣고 은밀히 오이디푸스를 넘겨주었다. 이후 라이우스는 오이디푸스가 죽은 줄로 알았고 오이디푸스는 폴리부스가 자기의 친아버지인 줄 알고 자라게 된다.

오이디푸스가 청년이 되자 코린스에서는 그가 폴리부스 왕의 친아들이 아니라는 소문이 돌게 되었다. 이에 오이디푸스는 델피에 있는 아폴로를 찾아가 자기의 출생에 대한 문제를 묻기로 하였다. 그런데 아폴로는 출생의 비밀은 숨

긴 채 오이디푸스가 친부를 죽일 운명을 가지고 태어났다는 말만 하였다. 이에 오이디푸스는 크게 낙담하여 다시 코린스로 돌아가면 아버지인 폴리부스를 죽이게 될지도 모른다는 두려움 때문에 어디론가 정처 없이 떠나기로 결심하였다.

그러던 어느 날, 좁을 오솔길을 지나던 오이디푸스 앞에 마차가 나타났고 마차에 탄 남자는 오이디푸스에게 길을 비키라고 명령하였다. 그렇지 않아도 마음이 안 좋았던 오이디푸스는 흥분하여 마차에 탄 사람을 죽이게 되는데, 그 남자는 바로 오이디푸스의 친아버지인 라이우스 왕이었다. 당시 테베 왕국에는 스핑크스(Sphinx)라는 괴물이 나타나 수수께끼에 답을 못하면 왕국을 멸망시키겠다고 으름장을 놓았었고, 라이우스 왕은 몰래 성문을 빠져나와 아폴로에게 답을 물으러 가던 중 오이디푸스를 만나 목숨을 잃은 것이다.

아무 영문도 모르던 오이디푸스가 도착한 곳은 바로 스핑크스가 버티고 있던 테베의 성문 앞이었다. 그가 성 안으로 들어가려하자 스핑크스는 수수께끼에 답을 말하지 않으면 생명을 빼앗겠다며, "아침에는 네 발로, 낮에는 두 발로, 저녁에는 세 발로 걷는 짐승이 무엇이냐"라고 물었다. 오이디푸스는 즉시 '사람'이라고 답했다. 인간은 어릴 때는 네 발로 기어다니고 성인이 돼서는 두 발로 걸으며 늙어서는 지팡이에 의지해 걷기 때문이었다. 이에 스핑크스는 스스로 자멸하고 오이디푸스는 테베로 들어가게 된다.

시민들은 스핑크스를 파멸시켜 테베를 멸망의 위기에서 구한 오이디푸스를 영웅으로 열렬히 환영한다. 그런데 라이우스 왕이 죽었다는 사실이 알려지자 오이디푸스는 자연스럽게 테베의 왕으로 추대되었고, 당시 정복자는 정복한 나라의 왕비를 부인으로 맞이하는 전통에 따라 라이우스 왕의 왕비인 이오카스테를 자기의 생모인지도 모르고 아내로 맞이하게 된다.

당시 오이디푸스는 대략 20세 정도였고 아내로 맞이한 자기의 생모인 이오카스테는 적어도 40세 이상이었을 텐데 굳이 아내로 맞이한 것은 꼭 전통 때문만은 아니었다. 테베왕국을 세운 카드무스(Cadmus)는 제우스의 사랑을 받아 미의 여신 아프로디테(Aphrodite)의 딸인 하모니아(Hamonia)를 아내로 맞이했다. 그리스의 신들은 이를 축하하기 위하여 하모니아에게 영원히 늙지 않은 목걸이를 선물했으며, 이 목걸이는 대를 이어 테베의 왕비에게 전달되었다. 따라서 이오카스테 역시 목걸이 덕에 늙지 않고 젊음을 그대로 유지할 수 있었던 것이다. 이러한 이유로 오이디푸스가 이오카스테를 아내로 취하게 된 것이다.

아무튼 오이디푸스는 이오카스테와의 사이에 아들과 딸을 낳게 되었다. 그러나 비밀은 존재하지 않은 법. 오이디푸스는 60세 쯤 되어 모든 사실을 알게 되자 죄의식에 사로잡혀 스스로 자신의 눈을 찔러 장님이 되었고 콜로누스(Colonus)에서 방황하다 생을 마친다.

오이디푸스가 콜로누스에서 방황한 이야기 그리고 오이디푸스와 이오카스테와의 사이에서 태어난 딸 안티고네(Antigone)에 관한 이야기는 소포클레스에 의해『콜로누스에서 오이디푸스(Oedipus at Colonus)』와『안티고네』라는 이야기로 쓰였다. 이 두 이야기와『오이디푸스 왕』은 소포클레스가 쓴 테베의 3대 비극으로 널리 전해진다.

이러한 신화 속에서 프로이트는 인간은 알지 못하면 자기 부모도 죽일 수 있으며 자기를 나아준 부모 중 한 명을 배우자로 맞이할 수도 있다는 힌트를 얻은 것이다. 라이우스가 자기의 생부라는 사실을 오이디푸스가 알았으면 그를 절대 죽이지 않았을 것이다. 그리고 이오카스테가 자기의 생모란 사실을 알았다면 절대 그녀를 아내로 취하지 않았을 것이다.

프로이트는 어린아이의 감성을 오이디푸스 신화에 비교하여 바라보기 시작한 것이다. 즉 문명의 규범을 모르는 어린아이는 어머니가 사랑의 대상이 되며 아버지를 사랑의 라이벌로 인식하면서 미워하는 감정을 가질 수 있다는 것이다. 따라서 프로이트는 어린아이가 아버지의 존재를 사랑의 라이벌로 느끼면서 미워하는 것을 오이디푸스 콤플렉스라고 명명하고 이러한 감성의 흐름을 인간 정서발달의 핵심적인 요소로 보았다. 오이디푸스 콤플렉스를 통한 구체적인 정서발달 과정은 다음 부분에 다시 자세히 논의할 것이다.

프로이트의 오이디푸스 콤플렉스 개념은 일련의 비판을 받았다. 이 개념은 아버지와 아들의 라이벌 관계만을 설명한 것이기 때문이다. 이러한 이유로 프로이트 이론을 '남근선호(Penis Envy)'사상이라고까지 말하고 있다. 따라서 당시 프로이트와 함께 정신분석의 기초연구를 하다 결국 프로이트와는 다른 길을 택하게 된 융은 새로운 개념을 제안하는데 그것이 바로 '엘렉트라 콤플렉스(Electra Complex)'이다. 이 개념 역시 소포클레스가 쓴 『엘렉트라』라는 비극에서 따온 것이다.

이 이야기의 핵심을 간단히 설명하면 다음과 같다.

트로이(Troy) 전쟁의 영웅 아가멤논(Agamemnon)과 그의 아내 클리템네스트라(Clytemnestra)는 사이가 좋지 않았다. 아가멤논은 애첩인 카산드라(Cassandra)가 있었고, 클리템네스트라는 아가멤논의 사촌인 아이기스토스(Aegisthus)와 사랑에 빠졌다. 이런 상황에서 클리템네스트라는 아이기스토스와 짜고 아가멤논과 카산드라를 살해한다. 아가멤논이 자기와의 사이에서 낳은 딸 이피제니아(Iphigenia)를 트로이 전쟁 전에 신의 제물로 희생시킨 것이 이유였다. 그러나 또 다른 딸인 엘렉트라는 생부인 아가멤논을 살해한 클리템네스트라를 미워한 나머지 그녀 휘하에 있던 쌍둥이 남매인 오레스테스(Orestes)를 탈출시키고 후일 그와 함께 클리템네스트라를 살해한다.

융은 아버지를 죽인 어머니를 살해한 엘렉트라의 이야기를 제시하면서 프로이트가 주장한 오이디푸스의 상대적 현상으로 설명하였다. 그러나 이 이야기는 프로이트에 의해 부정되었으며 현재 정신분석학에서는 별로 활용되지 않는 개념이 되었다. 주된 이유는 엘렉트라는 자기의 생모인 줄을 알고 살해했기 때문에 오이디푸스 이야기와는 근본적으로 그 패를 달리하고 있기 때문이다. 생부나 생모인 것을 알고도 죽인 것은 프로이트가 주장한 인간의 원초적인 욕구와는 일련의 거리가 있다는 말이다. 또한 엘렉트라는 아버지와의 사랑을 위해 어머니를 죽인 것이 아니라 아버지의 원수를 갚기 위한 것이기에 원초적인 사랑과 죽임의 의미를 가진 오이디푸스 콤플렉스와는 근본이 다르다. 다만 프로이트의 주장이 남아의 정서적 입장만을 강조한 것에 대한 반동으로 나타난

개념일 뿐이다.

그렇다면 프로이트의 오이디푸스 콤플렉스 개념은 편협한 것일까? 물론 문제가 있긴 하다. 그러나 사실 오이디푸스 콤플렉스의 정서적 요인을 부정하기도 어렵다. 이러한 상황에서 엘렉트라 콤플렉스를 넘어선 여아의 정서발달은 프로이트와 동시대 학자였던 페렌치(Sandor Ferenczi, 1873~1933)의 연구를 통해 일부 힌트를 얻을 수 있다. 그는 『성에 관한 이론 (Thalassa: A Theory of Genitality)』에서 오이디푸스 개념에 대해 일부 보완을 하고 있다. 그는 남아의 문제만을 다룬 프로이트에 반해 아이들이 6~7세 쯤 겪게 되는 '오이디팔 기간(Oedipal Period, 오이디푸스 콤플렉스를 느끼는 기간)' 중 여아는 자신을 어머니와 융합시키면서 자기도 아버지의 성적 대상으로 문제가 없다고 생각할 수도 있다고 설명하고 있다.

이러한 연구에서 우리는 남아건 여아건 문명의 의미를 알 때 사랑의 대상으로써 어머니와 아버지 사이에서 정서적 갈등을 겪을 수 있음을 알 수 있다. 따라서 현대 정신분석학에서 오이디푸스 콤플렉스라는 개념은 비단 남아의 문제가 아니라 여아까지 포함한 어린이 정서 발달의 핵심개념으로 활용되고 있다. 물론 프로이트가 아버지와 아들의 관계만을 강조하고 어머니나 딸의 입장을 간과한 것은 계속 문제로 남을 수 있을 것이다.

대칭적(Counter) 오이디푸스 콤플렉스

한편 프로이트의 오이디푸스 콤플렉스는 남아와 여아의 문제를 떠나 또 다른 비판에 직면한다. 그것은 아들이 아버지를 죽이려는 욕구가 원초적 본능처럼 묘사된 프로이트의 이론은 아버지가 아들을 죽이게 되는 수많은 역사적 사실을 볼 때 인간의 원초적 죽임의 본능이 잘못 이해되었다는 데서 출발한다. 즉 오히려 아버지(혹은 어른)가 자식(어린아이)을 죽이려고 하는 것이 원초적이라는 것이다.

이렇게 주장하는 사람들은 라이우스 왕이 먼저 아들인 오이디푸스를 죽이려고 산에 버렸다고 주장한다. 그리고 성경의 아브라함(Abraham)이 이삭(Issac)을 하늘에 제물로 바쳤다는 사실도 들고 있다. 나아가 동양사회에서 아버지가 아들이나 딸을 죽인 신화나 이야기들을 근거로 제시하고 있다.

이러한 문제는 결국 대칭적 오이디푸스 콤플렉스라는 개념을 만들었다. 그 근거로 동양사회의 예를 먼저 설명할 필요가 있다. 아버지가 아들을 죽이는 동양사회의 대표적인 예로 인용되는 신화나 이야기는 중국 당(唐)나라의 설인귀(薛仁貴) 장군과 중동의 러스텀(Rustum) 장군 이야기다. 두 이야기 핵심은 다음과 같다.

설인귀 장군은 당나라 태종 이세민(李世民)과 함께 고구려를 침공한 장군으로 우리에게도 잘 알려진 인물이다. 그는 어려서부터 무예가 뛰어났는데 장군이 된 후 변방에서 18년을 보내고 고향으로 돌아오게 된다. 그는 황하에 이르러 기러기를 사냥하고 있는 한 청년을 만났고, 청년의 활 쏘는 솜씨가 뛰어나다는 생각에 내기를 청한다.

"나는 화살 한 발로 기러기 두 마리를 동시에 잡을 수 있는데 나와 내기를 할 수 있느냐?"

청년은 쾌히 응수했고 먼저 활을 쏘아 두 마리의 기러기를 잡았다. 설인귀 장군의 차례가 되자 그의 활은 기러기를 향한 척하다가 급기야 청년을 향하여 당겨졌다. 부하들이 "왜 그렇게 하였습니까?"라고 묻자 그는 "나보다 활을 잘 쏘는 사람은 있을 수 없다"라고 답했다. 자기의 권위에 도전할 싹은 미리 잘라버려야 한다는 의미였다.

잠시 후 집에 도착한 설인귀 장군은 댓돌에 놓인 성인 남자의 신발을 보고 아내에게 누구의 것이냐고 물었다. 아내는 대답했다.

"당신이 떠나기 직전 생긴 당신 아들의 것입니다."

"그럼 그 아이는 지금 어디 있느냐?"

"지금 황하에 기러기를 사냥하고 있습니다."

그러자 설인귀 장군은 조금 전 황하에서 죽인 청년이 떠

올랐다. 그 청년은 바로 설인귀 장군의 아들이었던 것이다.

중세 중동에 러스텀 장군이 있었다. 당시에는 나라와 군벌들 간의 전쟁이 빈번했기에 러스텀 장군은 태어난지 얼마 되지 않은 아들 소랍(Sohrab)에게 팔찌를 징표로 채워주고 전쟁터로 떠났다. 그 후 소랍은 아버지처럼 장군이 되어 전쟁터로 나가게 된다. 그리고 적군과 치열한 전투 중 적장과 마주치게 되었다. 한참을 싸우다 힘이 부족해진 소랍은 적장의 칼에 생명을 잃게 되는데, 그 순간 "나의 원수는 아버지 러스텀 장군이 갚을 것이다"라고 외치면서 눈을 감는다. 그런데 소랍을 죽인 장수는 다름 아닌 러스텀 장군이었다. 그때야 러스텀 장군은 소랍의 팔에 채워진 팔찌를 발견했지만 이미 때는 늦었다. 러스텀과 소랍은 불안한 정세 속에서 서로를 모른 채 적군이 되어 목숨을 걸고 싸운 것이다.

상기 두 이야기는 아버지가 아들을 죽인 이야기로, 동양에서는 아버지의 권위에 도전할 수 없는 문화를 가졌음을 우회적으로 암시하고 있다. 정조 임금이 자기의 아들인 사도세자를 죽인 것도 이러한 맥락에서 설명이 가능하다. 이에 따라 동양적 오이디푸스 콤플렉스의 패턴은 서양의 양상과 다를 수 있다는 가설이 성립될 수도 있다. 이 이야기는 다음에 설명할 어린이 정서발달의 한국적 경향에서 보다 자세히 논의할 것이다. 다만 여기에서는 오이디푸스 콤플렉스의 핵심적 의미에 관하여서만 설명하려고 한다.

라이우스가 오이디푸스를 먼저 죽이려 한 것은 아폴로로부터 자신의 아들이 자기를 죽일 것이라는 예언 때문이었다. 따라서 아버지가 아들을 죽이려고 한 것을 원초적인 욕구로 보는 것은 실효성이 떨어진다. 그리고 앞에서 제시한 설인귀 장군과 러스텀 장군의 이야기는 아들의 존재를 모르고 죽였다는 점에서는 오이디푸스 이야기와 맥을 같이한다. 그런데 이때의 살해는 어머니를 사이에 둔 사랑의 갈등에 기인한 것은 아니다. 오직 권위에 대한 도전적 의미만 있는 것이다.

따라서 프로이트의 오이디푸스 콤플렉스에 대한 여러 비판은 아버지와 아들 관계만을 이야기했다는 점을 제외하고는 어린 자식이 부모와 갖는 정서적 갈등의 문제까지 거부할 수는 없다. 필자는 오이디푸스 콤플렉스가 어린이 정서발달을 정신분석적으로 이해하는 데 핵심적 요소라고 주장하며, 여아의 경우는 앞서 언급한 페렌치 등의 학자가 일부 보완하고 있다고 본다.

자아이상의 발달 방향

　오이디푸스 콤플렉스라는 개념과 연결하여 어린이 정서발
달의 방향을 좀 더 구체적으로 알아볼 필요가 있다. 앞서 심
리구조에 대한 대상관계이론의 입장을 설명했듯이 우리의
무의식은 크게 자아이상과 초자아로 형성되어 있다. 자아이
상은 원초적자아도취의 상태로 돌아가려는 욕구며, 초자아
란 오이디푸스 콤플렉스를 거치면서 싹튼 자아이상을 억제
하려는 욕구다. 그러면 자아이상과 초자아는 어떤 관계 속에
서 정서발달에 영향을 주는 것일까?

　앞서 자아이상과 초자아의 구분을 명백히 규정한 샤스귀
에르 스미젤은 자아이상의 발달 경로에 두 가지 길이 있음을
지적했다. 하나는 '점진적 경로(Evolutionary Route)'며 다른 하
나는 '급진적 경로(Shortest Route)'다. 그녀에 따르면 자아이상
이 초자아와 적당한 조화를 이루면서 발달하는 경우를 점진
적 경로를 택한 것으로 보며, 그와 반대로 급진적 경로를 택
하면 자아이상이 초자아의 욕구를 완전히 무시하고 기쁨의
원리에만 근거하여 발달된다는 것이다.

　어린아이가 점점 사회적인 현실을 인식할 때 즈음 자기가
사랑하는 어머니의 사랑의 대상은 자기가 아니라 아버지라
는 사실을 알게 된다. 이때 어린아이의 자아이상은 불가피하

게 두 개의 경로로 발달되는 현상을 보인다. 하나는 아버지의 존재를 인정하고 어머니를 향한 사랑의 욕구를 뒤로 미루며 훗날 어머니 같은 아내를 맞이할 것이라는 생각으로 아버지를 존경하는 경향이다. 이러한 현상은 프로이트가 제시한 아버지의 권위로부터 나오는 거세(Castration)의 공포 때문일 수도 있다. 이것은 바로 초자아를 통한 자기 억제적 요인이 크게 작용한 결과다. 샤스귀에르 스미젤은 이러한 현상을 자아이상이 초자아와의 타협을 통한 점진적 경로를 택한 것이라고 설명하고 있다.

이에 반해 자아이상이 급진적인 경로를 택하면 초자아의 욕구를 무시하게 된다. 심하게는 초자아를 완전히 집어삼켜버릴 수도 있는 것이다. 이 경우 어린아이는 어머니에 대한 집착 때문에 현실적 원리를 이해하지 못하게 된다. 즉 자아이상이 퇴행적으로 발달하는 것이다. 깊이 따지고 보면 이론적으로 정신이상이란 자아이상이 초자아를 완전히 집어삼키는 현상이라고 할 수 있다. 왜냐하면 정신이상의 본질은 현실인식의 결여에 있기 때문이다. 그런데 여기에는 하나의 단서가 필요하다. 자아이상이 초자아를 제압하는 경우도 두 가지 현상이 발생할 수 있다. 하나는 반사회적인 퇴행성을 보일 수 있지만, 다른 하나는 문명이 인정하는 창조적 정신을 발현할 수도 있는 것이다.

자아이상은 원초적인 자아도취의 완전성으로 돌아가려는 욕구로 넓게는 자아의 만족을 위한 희망이나 꿈 그리고 기대와 소망의 의미를 배양시킬 수 있다. 모두가 현실의 원리에만 매달린다면 이 세상은 어떻게 변화될 수 있을까? 인간은 기존의 현실적 질서를 넘어서 보다 나은 현실을 위한 꿈과 소망 그리고 기대를 가지고 있으며, 이러한 욕구로 인해 문명은 진화를 거듭하고 있다. 따라서 자아이상이야말로 인간의 본질적인 소망을 현실로 만드는 기본 요소다.

　이렇게 보면 자아이상이 초자아의 억제를 넘어서는 것이 꼭 부정적인 것만은 아니다. 어려서 엉뚱하고 현실 감각이 떨어진 경우라도 성장 후 위대한 창조적 업적을 남기기도 하는 것은 바로 이러한 예다. 예술과 학문 등 수많은 분야에서 우리는 자아이상의 힘으로 새로운 창조적 업적을 성취할 수 있다. 다만 퇴행적으로 발달한 경우에는 반사회적 행동을 유발하게 된다. 따라서 어떻게 하면 자아이상이 창조성을 발휘하며 어떤 경우 퇴행성을 발휘하는가에 대한 엄밀한 설명이 어려울 뿐 자아이상이 자아억제를 넘어서는 것이 꼭 나쁜 것만은 아니다. 그리고 자아이상은 초자아를 완전히 함몰시킬 수 있지만 초자아는 자아이상을 완전히 집어삼킬 수는 없다. 왜냐하면 자아이상은 보다 원초적인 것이며 초자아야말로 현실을 살아가면서 느끼는 후천적인 욕구기 때문이다.

여기에 하나 첨가할 것은 자아이상은 어머니의 뱃속으로 다시 돌아가려는 욕구에 근거한 것이기에 어머니와의 관계가 발달에 큰 영향을 받는다. 반면 초자아는 오이디팔 기간을 통해 형성되는 현실의 원리에 근거한 것이기에 아버지의 역할과 보다 밀접한 관계가 있다는 것이다. 이 경우는 남아나 여아 모두 같다는 것이 일반적인 이론이다.

구체적으로 어머니와의 애착이 크면 클수록 자아이상이 보다 활발히 전개될 수 있고, 아버지를 통한 현실적 의미가 강조된다면 초자아의 역할이 보다 활발해 진다. 아버지 없이 어머니의 지나친 사랑 속에서만 자란 어린이의 경우 비교적 현실 적응력이 떨어지며, 어머니의 사랑이 결여되고 아버지의 엄격한 교육만이 있게 되면 초자아가 너무나 충만하여 현실에 억눌리는 경우가 있는 것은 이 때문이다. 따라서 자아이상과 초자아의 적절한 조화, 그러면서도 자아이상이 창조적으로 작동할 수 있게 하는 것이야 말로 어린이 정서발달 교육에 가장 중요한 요소가 된다.

한국적 오이디푸스 콤플렉스와 정서발달 경향

비판이론가들로 불리는 프랑크푸르트학파에서도 어린이 정서발달에 대한 다양한 연구를 내 놓았다. 호르크하이머는

"오늘날 권위와 가족(Authority and Family Today)"이라는 글에서 현대 산업사회 가정의 상실은 아버지의 역할을 감소시킴으로써 아버지를 이상화하려는 어린이의 정서를 발달시키지 못하기에 어린이들에게 비판정신이 함양되지 못한다고 주장했다. 이는 아버지의 권위가 사회에 대한 비판적 정신을 함양시킨다는 의미를 내포하고 있다. 아도르노 역시 산업사회에서 아버지의 권위상실은 어린이들에게 '좋은 자아(Good Ego)'를 배양시키지 못하며 이는 결국 독립성을 해친다고 주장하고 있다.

정신분석학자들 중에서도 아버지와 어머니를 통한 어린이 정서 발달은 다양하게 연구되고 있다. 앞서 언급한 미체를리히는 그의 저서『아버지 없는 사회』를 통해 산업사회에서 아버지는 물론 어머니의 역할 감소까지 논하고 있다. 한마디로 그는 산업사회에서 어린이들은 부모로부터 어떤 상징적 의미를 배우지 못하고 오직 '익명의 기능(Anonymous Function)'에 의하여 영향을 받는다고 주장하고 있다. 이러한 그의 주장은 오늘날 어린이들이 인터넷 등을 통한 익명의 정보에 정서적 영향을 받는 것과 비교된다.

래시는 그의 저서 『무정한 세계에서의 안식처(Haven in a Heartless World)』에서 아버지의 권위 상실은 어린이에게 옳고 그름의 판단의식을 빼앗음으로써 사회적 권위의 상실까지 가져왔다고 주장하였다. 사회적 권위의 상실은 정부의 권위 상실에까지 연결됨으로 정부가 국민을 통제할 힘까지 빼앗게 된다는 것이다. 오늘날 자아가 자기중심적으로 발달됨으로 사회적 질서나 권위가 무시되고 있다는 점을 정신분석학적으로 설명하고 있는 좋은 예다.

그런데 서양 학자들의 어린이 정서발달과 부모의 역할에 관한 연구가 한국사회에는 적용하기 어렵다. 첫 번째 문제는 부모의 역할과 어린아이 정서발달 방향에 관한 것이다. 유교적 전통사회에서 아버지의 권위는 대단했다. 아이는 영원히 아이여야 했다. 아버지가 살아계시는 한 아들은 아무리 나이가 많아도 아버지의 명령을 거역할 수 없었던 것이다. 그리고 아버지의 뜻과 반대된 행위도 할 수 없었다. 따라서 유교 사회에서 아버지의 권위는 오히려 어린아이의 비판정신을 침해한다.

그렇다면 아버지의 권위가 무조건 아이들의 비판정신을 함양하는 것은 아니지 않은가? 이에 필자는 적당한 아버지의 권위라는 전제가 필요하다고 본다. 유교적 전통에서도 '엄부자모(嚴父慈母)'라는 교육방식은 엄한 아버지와 자애로운 어머니의 역할을 강조한 것이니 앞서 설명한 자아이상과 초자아의 적절한 조화를 일부 의미하며, 이 경우 아버지의 권위는 적당한 수준으로 조절될 것이다.

그렇다면 현대 한국사회의 가족구조는 어떠한가? 가정마다 다양한 편차가 있겠지만 일반적으로 아버지의 역할은 줄어들고 어머니의 역할만이 강조된 경향이 있음을 부정하지는 못할 것이다. 이러한 상황에서 어린아이의 자아이상은 초자아를 함몰시키기 좋은 환경이 된다. 오늘날 한국 어린이들은 어머니로부터 분리되지 못하고 계속적인 애착관계만을 유지하고 있다. 이런 경우 독립성이 상실되며 자신의 어려움에 대한 해결을 어머니에게만 의지하게 된다. 그리고 자아이상이 창의적으로 발전하기보다는 퇴행적으로 발달하기 쉽다.

요즈음 '고개 숙인 아버지'라는 말이 나오고 아버지 역할 찾기 운동이 전개되는 것도 이러한 현실 때문일 것이다. 어머니는 어린이의 건전한 정서발달을 위해 아이를 자신의 한을 푸는 도구로 활용해서는 안 된다. 욕심에만 집착한 나머지 아이에게 독립정신을 배양시키지 못하는 어머니는 가장 나쁜 어머니다. 아이들에 대한 퇴행적 사랑은 이이의 건전한 정서발달을 저해한다. 그리고 아버지도 아이의 교육을 어머니에게만 일임할 것이 아니라 아버지의 역할을 의미 있게 행사함으로써 균형 있는 정서발달을 도와야 한다. 물론 아이의 창의력을 향상시키기 위해서는 자아이상도 무시하면 안 된다. 어린이가 꿈과 희망을 긍정적으로 실현할 수 있도록 자아이상을 건전한 방향으로 유도해야 할 것이다.

정신병의 핵심

정신병(Psychosis)과 정신분열증(Schizophrenia)

일반적으로 정신병은 정신에 이상 현상을 보여 사회 적응을 어렵게 만드는 증상을 의미한다. 이러한 증상은 신경증(Neurosis)이나 히스테리(Hysteria)와는 다르게 현실평가능력이 없다. 과거에는 정신이상을 유전적으로 보기도 했는데 현대에 이르기까지 그 원인은 확실히 규명되지 않고 있다. 다만 현대 의학에서는 여러 측면에서 원인을 찾고 있으며, 뇌의 구조적 결함에 기인한 '기질성 정신병(Organic Psychosis)'과 정신기능의 문제에 기인하는 '기능성 정신병(Functional Psychosis)'으로 구별하여 이해하기도 한다.

정신병의 증상은 의학적 입장에 따라 다양하게 구별되는데 대략 다음과 같다. 망상증, 우울증이나 조병(躁病) 및 공항 장애, 인격 장애로 생기는 질환, 정신생리적 장애, 성(性)의 장애, 약물사용에 기인하는 장애, 알코올중독성 정신장애, 기질성 질환에 따라 생기는 정신장애, 간질, 정신지체, 어린이나 청소년에 발생하는 정신장애, 노년기에 발생하는 정신장애, 기타 자살이나 범죄에 관한 정신의학적 문제 등을 들 수 있다.

정신분열증은 지속적으로 정신이상이 나타나는 질병으로 주로 뇌와 관련이 있으며, 특히 지성이나 감성적인 불일치를 수반하고 논리적 사고를 어렵게 한다. 정신분열증이라는 용어는 스위스의 정신의학자인 블로일러(Paul Eugen Bleuler, 1857~1939)가 조발성치매(Dementia Praecox, 早發性痴呆)라고 불린 질병을 설명하기 위하여 고안한 것이다. '자폐증(Autism)'이라는 용어도 블로일러가 고안하였다. 그러나 현대에 와서는 보다 광범위하게 망상(Delusion), 환청(Auditory Hallucination), 자폐적 혹은 비문맥적 사고, 그리고 감성의 빈약성 등의 특징을 가진 기능성 정신질환을 모두 지칭하는 용어로도 사용된다.

실제로 일반인은 정신병과 정신분열증을 혼동하여 사용하고 있으며, 이에 대한 구별도 다양하다. 그러나 전문적으로는 정신분열증을 '정신에 대한 질병'으로, 정신병은 정신에 관한 질병의 '활성적 태도(Active Manner)'로 정의하고 있다. 이러한 구별에 근거하여 정신병과 정신분열의 차이를 구체적으로 설명하면 다음과 같다.

정신병은 자아에 대한 옳고 그름의 조정능력이나 자각능력이 매우 떨어지며 현실과 감정에 현저한 괴리를 느끼지만, 정신분열증은 거의 정상적이라고 볼 수 있는 모습을 보이기도 한다. 또한 정신병은 며칠에서 몇 주간 동안 증세가 지속되다 그치고 다시 나타나기도 하지만, 정신분열증은 평생 일정한 수준을 유지하는 경향이 있다. 즉 정신병은 정신분열이라는 증세가 특정 상황과 기간 동안 활성화되는 현상이라고 말할 수 있다. 따라서 정신병은 약물치료에 따라 증상이 바로 호전될 수 있지만, 정신분열증은 약물치료나 그 외에 다양한 방법이 필요하다.

정신병의 핵심

현재 미국 정신의학계에 일련의 영향력을 가지고 있는 아이겐(Michael Eigen)은 그의 저서 『정신병의 핵심(The Psychotic Core)』에서 정신병의 중요한 요소(정신분열증의 활성적 태도)들을 이론적으로 잘 설명하고 있다. 그 핵심을 구체적으로 이해하기 위하여 아이겐의 이론을 중심으로 필자의 생각 및 기타 논의들을 종합하여 정리하면 다음과 같다.

환상(Hallucination)

일본의 정신분석학자인 기시다 슈(岸田 秀)는 그의 저서 『게으름뱅이의 정신분석』에서 인간은 본질적으로 환상적 존재라고 주장한다. 프로이트의 꿈에 대한 이론도 따지고 보면 인간의 환상적 작용에 근거한 것이다. 이러한 환상은 우리가 일상생활에서도 흔히 느끼는 현상이다. 앞서 설명한 자아이상의 역할을 통해 우리는 기쁨을 느낄 수 있는 다양한 상상을 하는데, 이는 환상의 작용에 근거한 것이다. 만약 인간에게 환상의 능력이 없다면 우리는 현실의 고통을 벗어날 중요한 통로를 상실하고 말 것이다.

그러나 문제는 초자아의 작동을 통해 현실과 이상 혹은 환상의 세계를 구분하는 기능이 상실되면 매우 비현실적인 태도를 보이게 된다. 앞서 자아이상이 초자아를 완전히 삼켜버린 상태를 이론적으로 정신이상이라고 규정할 수 있다고 한 것은 바로 이 때문이다. 따라서 현실의 의미를 상실한 채 환상에만 사로잡히는 현상을 정신병의 핵심 요인으로 말할 수밖에 없다. 정신병에서 나타난 환청이나 환영은 바로 현실과 환상의 구별이 소멸된 상태인 것이다.

마음의 상실(Mindlessness)

어려운 상황을 맞이하면 우리는 자신의 마음을 모두 비우고 나로부터 탈출하고 싶은 욕구를 느낄 때가 있다. 즉 자신의 마음을 마비시킴으로써 직면한 고통을 벗어나려고 하는 욕망이 생길 수 있는 것이다. 이러한 경우 집중력이 사라지며 마음의 진공현상이 나타난다. 흔히 속말로 "사라지고 싶다"라는 표현을 쓰기도 한다.

이러한 현상이 나타나면 마음의 역동성이 거의 없어진다. 뿐만 아니라 마음 자체가 어떤 한계를 초월하여 무가치적인 상태로 들어가는데 이것이 바로 정신병의 핵심적 요소가 될 수 있다. 한편 마음이 완전한 백지상태에 놓이게 되면 모든 것을 빨아들이려는 '블랙홀(Black Hall)'로 변할 수도 있다. 즉 자아의 정체성이 사라지게 된다는 것이다. 마음의 공허함이야말로 현실적응을 가장 어렵게 하는 요소며, 어린 시절 자아가 굳건히 형성되지 못하면 이러한 현상에 직면할 확률이 높다.

자신과 타인의 경계(Boundaries) 상실

우리는 일상생활 속에서 자신과 타인에 대한 구별을 분명히 하고 살아간다. 이것이야말로 타인과 자신의 소통을 합리적으로 이끄는 기본적인 태도다. 그런데 때로는 나도 모르는 사이에 나와 타인의 경계가 애매해질 때가 있다. 예를 들면 나의 현실적 모습이 내가 원하는 바와 현저히 다를 때 현실적 모습을 숨기고 내가 원하는 다른 모습으로의 착각 속에서 괴로움을 벗어나려는 경향을 보일 수 있다. 우리는 가끔 자신의 실체가 아닌 모습을 보이는 성격의 소유자들을 만나기도 하는데, 이야 말로 나의 실체와 타인의 경계를 애매하게 하는 예라고 할 수 있다.

나와 타인의 경계가 섞이는 상황이 깊어지면 결국 공포에 사로잡힌다. 그리고 자아와 타인의 자연적인 구별은 무모한 장벽 허물기 상태로 진입하며 급기야 자아는 사라지거나 굳어져버린다. 이러한 현상은 자아 자체에서도 일어날 수 있다. 즉 육체적 자아와 정신적 자아 사이의 경계마저도 파괴되며 아주 잘못된 방향으로 고착되기도 한다. 자아와 타인의 구별이 파괴되는 일이야말로 건전한 사회생활을 방해하는 중요한 요소다. 이 역시 자아의 굳건한 정체성 확립이 결핍될 때 발생확률이 높다.

미움(Hate)

앞서 지적하였듯이 미움이란 사랑과 함께 우리의 정서를 대표하는 감성이다. 사랑만 있으면 좋을 것 같아도 미움의 감정이 없다면 우리는 너무나 공허할 것이다. 미움은 때때로 나를 각성시키는 촉진제가 될 수도 있다. 즉 미워하는 사람을 능가하기 위하여 창조정신을 발휘할 수도 있으며, 자기의 목표달성을 위해 더욱 매진할 수도 있다. 볼칸은『적과 동지의 필요성』에서 적을 향한 분노나 미움은 나의 자아(특히 정체성)를 더 굳건하게 만들기도 한다고 지적하고 있다. 이는 자아의 정체성 확립을 위해서는 사랑과 미움의 정서가 적절히 있어야 함을 의미하기도 한다.

그러나 분노나 미움의 감정은 항상 승화(Sublimation)의 방향으로 움직이지 않고, 때로는 매우 퇴행적인 형상을 일으키기도 한다. 특히 어린 시절 느꼈던 분노나 미움은 무의식에 남아 때때로 우리의 자아에 치명적 상처를 주기도 한다. 그리고 미움의 감정을 여과 없이 발산함으로써 반사회적인 행동을 보이기도 한다. 이러한 퇴행적인 미움이야말로 정신병의 또 다른 핵심적 요소다.

인식론(Epistemology)

인식의 문제는 정신분석학을 떠나 철학적으로도 매우 중요한 개념이다. 왜냐하면 인간이 현실을 어떻게 인식하느냐에 따라 행동의 결과에 차이를 보이기 때문이다. 니체의 주장대로 선과 악의 구별이 자신의 입장에 따라 변하듯, 현실이나 상황을 보는 인식의 틀도 가지각색이다. 따라서 정신분석학에서는 절대적 인식의 틀을 요구하기보다는 정상과 비정상으로 의미를 축소하여 이해하고 있다. 정상적이란 일반적으로 이해할 수 있는 범위를 의미하며, 비정상은 그 범위를 넘어선 것이라는 의미다.

현실을 보는 시각이나 인식이 현저하게 왜곡될 경우는 정신적인 비정상의 상태로 이해할 수밖에 없다. 예를 들면 허구적인 일을 사실로 인식한다든지 자신의 상상을 현실의 사실적인 의미로 인식하는 것은 정상적이라고 볼 수 없으며 정신적인 이상 현상이라고 볼 수밖에 없다. 이러한 인식의 문제는 제일 먼저 언급한 환상의 문제와도 일련의 연결성을 가진다. 한마디로 비정상적인 인식의 문제는 우리에게 건전한 사회생활을 방해하는 정신이상의 요소를 제공하고 있는 것이다.

전도 혹은 반전(Reversal)

전도 혹은 반전은 자아의 정서와는 반대의 성향을 나타내는 것을 의미한다. 진실은 그렇지 않음에도 행동에서 반대의 성향을 보인다면, 이는 자신을 위장하거나 숨기기 위한 하나의 자기방어적인 의미다. 그리고 타인에 대한 자아의 충동이 거꾸로 자아 내부로 되돌아오는 경우도 대표적인 전도 현상으로 볼 수 있다.

정신분석학의 핵심 정서인 사랑과 미움은 반대 의미를 가진다. 그러나 한편으로는 매우 밀접한 연관성이 있다. 즉 사랑하지 않으면 미워할 수도 없을 수 있기 때문이다. 극적으로 반대되는 현상이 서로 통할 수 있는 것은 이러한 이치와 관련이 있다. 자기 방어적 의미로써 전도는 가장 미운 사람에게 오히려 사랑의 마음을 베풀 수도 있다. 그리고 타인에 대한 미움이 오히려 자신에게로 전도되어 자신을 미워하는 경우도 있다. 이러한 현상은 모두 자아의 정상적인 정서표현이라기보다는 비정상적인 상태로 이해될 수 있기 때문에 강력한 전도현상은 정신병의 핵심 요소가 될 수 있다.

정신분열증(조현병, 調絃病)의 증상과 특징

정신분열증은 하나의 질병으로써 공통적 특징을 가지고 있는 여러 가지 유형으로 나타난다. 사실 정신분열증은 그동안 확실한 원인이 밝혀지지 않았다. 그러나 최근 연구를 통해 밝혀진 바로는 대개 임신 중의 문제, 양육 같은 환경적 문제 등 병에 취약한 소인을 가진 사람에게 발병 가능성이 높은 것으로 알려지고 있다. 일부에서는 유적적인 요소를 고려하기도 한다. 그리고 뇌의 신경전달물질인 도파민(Dopamine)과 세로토닌(Serotonin)의 불균형이 하나의 원인이라고 알려지고 있다. 이러한 구체적인 원인 규명과 함께 정신분열증은 상당 수준의 치료효과를 보이고 있다.

우리나라에서는 정신분열증이란 명칭이 부정적 의미를 가지고 있다고 하여 2011년 10월에 '조현병(調絃病)'으로 변경하는 약사법 개정안이 국회 보건복지위원회 법안심사 소위원회에서 통과되었다. 조현이란 악기의 줄을 조율한다는 의미로, 현악기의 줄을 잘 조정하여 좋은 소리를 나게 한다는 의미로 해석할 수 있다. 이는 정신이 분열되었다는 부정적인 의미보다 흐트러진 뇌의 신경망을 조정하여 정상적인 생활을 할 수 있게 한다는 긍정적인 의미를 담고 있다고 볼 수 있다.

정신의학적 관점에서 정신분열증 혹은 조현병의 증상은 양성증상, 음성증상, 인지증상 그리고 잔류증상이란 네 가지 증상으로 구별하여 치료하고 있다. 양성증상은 말 그대로 정신이상의 증세가 겉으로 직접 나타나는 경우를 말한다. 음성증상은 직접적인 정신이상 증세를 보이지 않더라도 감정적 반응이나 행동이 정상보다 둔한 상태가 되고, 사고 내용이 빈곤해지거나 의욕이 감퇴되어 사회적 위축현상을 보이는 경우를 말한다. 인지증상의 문제는 집중력과 기억력이 약해지면서 새로운 정보를 인지하는 데 어려움이 있을 뿐만 아니라 자신의 생각을 체계적으로 정리하는 데 문제가 있는 경우를 말한다. 마지막으로 잔류증상이란 치료 후 급성적 현상을 벗어나더라도 음성증상이나 인지증상에 이상 현상이 남아 있는 상태를 말한다. 따라서 정신분열증은 치료 후에도 지속적인 약물 및 재활치료가 필요하다. 앞서 정신분열증이 장기간 일정한 수준의 정신적인 이상 형태를 지속적으로 보일 수 있다고한 것은 바로 이러한 잔류증상을 가지고 있기 때문이다.

실제로 정신분열증의 양성증상은 앞서 정신병의 핵심적 요소와 비슷한 현상을 보인다. 왜냐하면 양성이란 용어가 말해주듯 정신분열의 증상이 활성화되고 있는 상태기 때문이다. 그중에서 대표적인 증상은 환각과 망상, 사고장애, 긴장증적 증상이다. 그리고 아주 심한 경우에는 어떠한 자극에도 무반응을 보임으로써 신체까지 움직이지 않고 고정되는 경우도 있으며, 이유를 알 수 없는 반복적 행동을 계속하기도 한다. 이러한 양상은 정신의학의 발달로 인해 약물치료만으로도 일시적으로 증상을 호전시킬 수 있다.

참고로 미국정신의학회(American Psychiatric Association)의 정신장애 진단 통계편람(DSM-IV-TR)에 따른 정신분열증 진단 기준의 기초적인 내용을 요약하면 다음과 같다.

① 망상이나 환각, 와해된 언어, 긴장증적 행동, 그리고 음성 증상이라고 할 수 있는 무논리증(또는 무욕증) 중 적어도 2개 이상의 증상이 1개월 중 여러 날 동안 지속되는 경우.

② 대인관계나 자기관리 등이 이전과 비교하여 현저히 감소되어 생활에 부진함을 보이는 경우.

③ 상기 장애의 징후가 6개월 이상 지속되는 경우. 단 1개월 이상 6개월 미만인 경우는 '정신분열성 장애'로 이해되기도 한다.

그러나 우울증이나 조증 등은 활성기에는 나타나지 않기에 정신분열증으로 진단하지 않는다. 또한 약물남용이나 특정 약물 혹은 물질 및 생리적 효과에 따른 이상증세도 정신분열증에서는 제외된다. 그리고 만약 자폐성 장애나 발달 장애의 경력이 있을 때는 심각한 망상이나 환각이 적어도 1개월 이상 지속될 경우에만 추가로 정신분열증의 진단을 붙인다.

자폐증(Autism)

자폐증을 의미하는 'Autism'은 자신을 의미하는 그리스어인 'Auto'에서 유래한 것으로, 1912년에 블로일러가 미국의 정신이상연구에 관한 한 잡지에 기고하면서부터 사용되었다.

자폐증은 뇌와 관련된 정신분열증의 한 범주로 설명할 수도 있으나 우리 사회에서도 널리 알려진 병이기 때문에 별도로 설명하려고 한다. 자폐증은 본질적으로 신경발달장애로 인해 의사소통이나 사회적인 상호작용에 결함이 있는 증세를 말한다. 그리고 그 원인에 대해서는 아직도 많은 이견이 있으며 아직도 객관적으로 인정되는 명쾌한 답을 얻지 못하고 있다.

자폐증은 증상이 다양하기 때문에 세부적으로 논의하기는 상당히 어렵다. 다만 자폐증이 있는 아이는 상대방과 얼굴을 대면하는 것을 싫어하고 외부 상황에 반응하기를 꺼리는 증상을 보인다. 즉 웃거나, 어떤 소리에 주목하거나 손가락이나 발가락 등을 움직이는 반응을 하지 않는다. 이는 부모의 사랑이 부족해서 부모에게까지 반응을 하지 않는 것이 아니라, 자기의 감성을 표현하는 기능에 이상이 있는 것을 의미한다. 그리고 자라면서 혼자 있는 것을 좋아하고 다른 사람들과의 관계를 맺는 것을 꺼리게 된다.

자폐증은 소통에서도 심한 이상태도를 보인다. 예를 들면 정상적인 아이들은 자신의 이름을 부르면 대답하고 또 자기가 원하는 사물을 가리키는데, 자폐증이 있는 경우에는 대답도 안 하며 원하는 것을 지적하지도 않는다. 쓰고 읽을 수 있는 능력이 있음에도 침묵하며, 그림이나 손짓 등 다른 방법을 자기 의사전달의 통로로 삼는다.

연구에 따르면 자폐증이 있는 경우 처음에는 말을 더듬다 이내 함구해버리는 단계로 들어가기에 10살이 되어도 심한 언어장애를 가질 수도 있다. 자폐증에 관하여 일부에서는 지능의 문제를 제시하기도 하지만 또 일부에서는 지능지수와는 관계가 적다는 주장을 하기도 한다. 우리나라에서는 증상의 강도에 따라 1~3등급으로 장애판정을 내리고 있다.

성격장애(Personality Disorder)의 특징

성격의 의미와 형성

성격은 환경에 대하여 혹은 인간관계에 있어서 특정 반응이나 행동을 나타내고 그것을 계속 유지하는 인간 심리의 체계로 우리말로는 인격, 나아가 인성이라고 불리기도 한다. 따라서 성격이야말로 인간 정서의 독특한 표현이며, 앞서 논의한 무의식의 형성 과정을 통하여 결정되는 것이라고 해도 과언은 아니다.

본능이론을 주창했던 프로이트는 인간의 욕구(특히 성적 욕구)가 집중되는 육체의 부분과 연결하여 정서발달을 논하고 있다. '구강기(Oral Stage)' '항문기(Anal Stage)' '남근기(Phallic Stage)' '잠복기(Latency Stage)' '성기기(Genital Stage)' 등의 발전단계가 그것이며, 각 단계별로 욕구가 억압되면 성격형성에 장애가 온다고 말하고 있다. 구체적으로 구강기는 생후 1년까지로 주로 성감대가 입에 집중되어 있을 때를 말하는데, 자신에게 성적 충족을 주는 인물이나 대상에 애착을 갖기 때문에 유모 혹은 어머니를 통하여 정서적 영향을 받는다. 항문기란 생후 1년부터 3년 사이를 말하는데 이때에는 배설물을 배출하는데 쾌감을 느끼며 대소변 가리기 훈련기간의 특징에 따라 정서적 영향을 받는다. 남근기는 3살 이후 오이디푸스 콤플렉스를 거치면서 정서적 영향을 받는 기간을 말한다. 잠복기란 6~7세 이후부터 사춘기 직전까지 비교적 성적 욕구가 잠복하는 기간을 말한다. 그리고 생식기란 사춘기에 접어들면서 성숙된 성적 욕구와 환경 사이에서 정서적 변화를 갖는 것을 말한다.

정신분석학자인 에릭 에릭슨(Erik H. Erikson, 1902~1994)은 프로이트의 본능적인 성적요구의 요소를 줄이고 사회적인 영향을 보다 강조한 성격발달이론을 내놓았다. 에릭슨의 주장은 신프로이트학파 시각이 가미된 정서발달 이론이라고 할 수 있다. 이후 많은 심리학자와 정신분석학자들은 나름대로 다양한 정서발달 혹은 성격발달과정을 논의하였다. 그러나 앞서 이야기하였듯이 현대 정신분석학은 프로이트의 본능적 요소를 새롭게 해석하고 그와 함께 환경적 영향을 가미한 소위 대상관계이론을 정립하였으며 인간의 정서는 자아와 외부대상 혹은 환경과의 끊임없는 내사와 투사를 통하여 이루어진다고 보고 있는 것이다. 그리고 내사와 투사의 과정이나 강도는 사람마다 큰 편차를 보이기 때문에 이를 몇 단계로 나누어 보는 것은 일반화되기 어려울 수도 있다.

성격장애의 종류와 특징

성격장애(인격장애)는 정신병이나 정신분열증적인 심한 병적 증상이라기보다는 한 인간의 습관이나 성격이 사회적 기준으로 볼 때 정상적인 범위를 벗어난 것을 지칭한다. 물론 성격장애가 심하면 정신병 혹은 정신분열증적인 입장에서 논의될 수도 있다. 미국정신의학회는 성격장애를 개인이 속한 문화적 기대를 벗어난 편중된 자기표현 방식을 유지하는 것으로, 시간이 흘러도 변하기 어려우며 극단적으로는 고통이나 장애를 유발하는 것을 의미한다고 말한다.

미국정신의학회의 정신장애 진단 통계편람(DSM-IV-TR)에 따른 성격장애의 진단 기준에 따르면 인지기능, 정서반응, 대인관계, 충동조절 영역 중 적어도 2가지 이상의 영역에서 사회적 기대를 현저히 벗어날 때 성격장애라는 진단을 내릴 수 있다. 또한 성격장애에서 보이는 비정상적인 행위는 일시적이 아니라 반복적으로 지속되는 특징이 있다. 그러나 이러한 현상이 뇌의 손상과는 연결이 되지 않은 상태를 의미하기 때문에 정신분열증과는 다른 차원의 문제로 이해되고 있다.

성격장애는 연구에 따라 다양하게 분류되고 있다. 다만 미국정신의학회의 정신장애 진단 통계편람에서는 세 개의 부류로 나누어 총 10가지 정도로 설명하고 있는데 그 특징을 요약하면 다음과 같다.

A 군(Cluster A): 별나거나 이상한 유형(Odd or Eccentric Disorders)

1) 편집성(Paranoid) 성격장애

편집성 성격장애는 타인을 과도하게 의심하거나 적으로 돌리려는 경향이 있기에 타인에 대한 질투심도 강하며, 타인의 의도를 악의적으로 해석하는 경향이 강한 성격을 말한다. 다만 이러한 성격장애는 정신분열증의 기분장애(Mood Disorder, 혹은 Affective Disorder)와는 구별되며, 일반적인 의학적 상태의 직접적인 생리적 효과에 의한 것은 아니다.

2) 분열형(Schizoid) 성격장애

정신병이라고는 볼 수 없으나 엉뚱한 사고, 피해의식, 관계 망상, 착각 등을 보임으로써 일반인들이 보기에 비정상적이라고 생각되는 경우를 분열형 성격장애라고 말한다. 물론 망상이나 착각 등의 현상을 보이기 때문에 얼핏 보면 정신분열증의 증상과 비슷하지만 정도가 경미한 경우다.

3) 분열성(Schizotypal) 성격장애

분열형과 분열성이라는 두 용어를 보면 조금 혼란스럽겠지만 분열형은 망상적 요소에, 분열성은 사회적 고립 경향에 그 초점을 두고 있다고 보면 될 것이다. 따라서 분열성 성격장애는 자기감정을 잘 표현하지 않고 외톨이처럼 행동하며 가족 이외의 대상과는 관계 맺기를 꺼린다. 이 역시 정신분열증의 기분장애 혹은 자폐증과는 구별되며 생리적 효과에 의한 것이 아닌 경우를 말한다.

B군(Cluster B): 극적, 감정적 혹은 변덕스러운 유형(Dramatic, Emotional or Erratic Disorders)

1) 반사회적(Antisocial) 성격장애

반사회적 성격장애는 사회적으로 인정되지 않는 행위로

간주될 수 있는 타인을 속이거나 범죄행위 등을 저지르고도 죄의식을 느끼지 않는 성격을 말한다. 그리고 내가 타인보다 우월하다는 생각 속에서 타인을 이용하려는 착취적 태도를 보인다. 물론 타인의 입장에 공감하지도 못하며 매우 변덕스러운 감정 기복을 나타내기도 한다. 이 경우도 정신분열증을 앓는 중에 나타나는 감성적 기복과는 구별된다.

2) 경계선적(Borderline) 성격장애

경계선적 성격장애란 경계선이라는 용어가 의미하듯이 다양한 감성이 경계선을 사이에 두고 기복이 심한 경우를 의미한다. 이 경우는 자주 권태 혹은 공허감을 느끼기도 한다. 그러면서 자신을 억제하는 힘이 부족하여 자제력을 상실하고 돌발적인 행동으로 인해 자주 물의를 일으키기도 한다. 대인관계에 있어서도 정서적 반응에 심한 불안정성을 보인다. 이러한 성격장애는 현대인이 많이 경험하고 있는 하나의 현상이라고도 할 수 있기에 특별히 다양한 연구결과를 내놓고 있다.

3) 연극성(Histrionic) 성격장애

연극성 성격장애는 정체성의 혼란과 밀접한 관계를 가지고 있으며 상대방으로부터 주의와 관심을 일으킬 극적인 행동을 하는 경우를 말한다. 따라서 감성적 표현에 피상적인 요소가 많으며, 특히 언어에는 부사적인 수식어를 남발하는 경우가 많다. 이러한 현상은 주로 성인기 초기부터 많이 발생하는 것으로 연구되고 있다.

4) 자아도취적(Narcissistic) 성격장애

자아도취적 성격장애는 자신의 모습이나 재능이 타인보다 월등하다고 과대평가하는 경우를 말한다. 즉 과도한 자존감을 소유하는 경우다. 따라서 타인이 자신을 평가하는 것에 민감하고 자신을 평가해주지 않을 때 그 사람들을 미워하는 경향이 높다. 뿐만 아니라 사랑받기만을 원할 뿐 타인을 사랑하는데 인색하다. 이러한 성격은 정치적인 지도자나 예술가에게 자주 나타나기도 한다. 이는 자신이 타인보다 우월하다고 믿을 때 지도자의 길을 걸을 수 있으며, 자신의 작품이 최고라고 믿지 않고는 창조적 일에 투신하기가 어렵기 때문일 것이다.

C군(Cluster C) 성격장애 : 걱정 혹은 두려워하는 유형(Anxious or Fearful Disorders)

1) 회피성(Avoidant) 성격장애

회피성 성격장애를 가진 사람은 자존심이 낮기에 타인의

거절에 매우 민감하게 반응한다. 즉 거절당할까 두려워 과도하게 자기를 억제함으로써 부탁이나 기타 욕구의 표현을 하지 않는다. 따라서 혼자 은둔생활을 하는 경우가 많다. 이러한 내향성은 결국 사회생활에 대한 공포증과 연결되기도 한다.

2) 의존성(Dependent) 성격장애

의존성 성격장애란 자신의 모든 결정을 타인에게 의존하는 경우를 말한다. 자신에 대한 책임이 두려워 타인에게 의존한다는 것은 일단 사태에 대한 회피적 의미를 가지고 있기에 회피성 성격과 일맥상통하기도 한다. 그러나 타인의 도움을 얻기 위해서는 어떤 일이라도 한다는 점에서 회피성 성격과는 대조되며, 오히려 의존을 위해 타인에게 복종하는 모습까지 보인다. 요즈음 어머니의 과도한 어린이 보호는 이러한 의존적 성격장애를 불러일으키는 원인을 제공하고 있다고 봐야 할 것이다.

3) 강박성(Obsessive) 성격장애

강박성 성격장애는 말 그대로 아주 세부적인 사항에도 심각하게 집착하는 경우를 말한다. 이러한 성격은 완전을 추구하려는 과도한 집착성에 근거하기도 한다. 따라서 강박성 성격장애를 가진 사람은 무슨 일을 하면서 "이 일을 잘해 낼 수 있을까?"라는 강박증 때문에 타인은 물론 자신까지도 불신하는 경향이 있다. 이런 성격의 소유자는 정리정돈에 과도하게 신경을 쓰기도 하고, 모든 것을 완벽하게 하려는 성향때문에 대인관계에 있어서도 불필요하게 신경을 써서 자기를 통제하려는 경향이 있다. 따라서 융통성과 개방성이 부족하다고 할 수도 있다.

다중성격장애(Muliti-Personality Disorder)와
한국인의 동시성적 자아(Synchronic Self)

다중성격장애 혹은 해리성정체장애(解離性正體障碍, Dissociative Identity Disorder)

앞서 설명한 성격장애의 종류와는 별도로 자주 논의되는 성격장애는 다중 성격(혹은 인격)장애다. 다중성격장애는 어느 순간 완전히 다른 사람으로 변하기 때문에 초기에는 정신분열증으로 이해하였지만, 현대 정신의학에서는 다중성격장애와 정신분열증을 분리하여 논의하고 있다. 즉 정신분열증이란 인지와 감성이 완전히 분열되어 비이성적 행동을 야기시키지만, 다중성격장애는 자아의 내부에 다수의 인격체가 존재하고 있을 지라도 각각의 인격들이 나름대로 현실감 있게 표현되고 있다.

한때 다중성격장애는 자아의 내부에 귀신이 들었기에 평소의 자기가 아닌 다른 사람의 모습을 보인다고 하여 '빙의(憑依)'라는 정신질환으로 이해하였다. 그러나 1980년부터 공식적으로 다중성격장애라는 용어로 학계에 보고되었다. 그러다 1994년부터 해리성정체장애로 부르기도 했는데 자신의 정체성이 여러 개로 쪼개져 있다는 점을 강조하기 위한 것이다. 또한 현대 정신의학계에서는 다중성격이란 사회생활을 하면서 자신의 존재를 보호하기 위한 하나의 방어기제적 의미를 가진 것으로 파악하는 경향도 있다.

다중성격장애의 대표적인 증상으로는 '정체성 혼란이나 변화(Identity Confusion or Alteration)' '이인화(혹은 비인화, Depersonalization)' '기억상실(Amnesia)' '현실에서의 이탈(Derealization)' '자동 최면 경험(Autohypnotic Experience)' '환청(Auditory Hallucinations or Hearing Voice)' 등이 있다. 다중성격장애는 하나의 자아가 여러 개의 정체성을 보이고 있기 때문에 당연히 자신의 독특한 정체성에 대한 혼란 내지는 변화를 가져 온다. 또한 그 정체성은 인간을 벗어난 비인간적인 정체성까지도 포함할 수도 있으며 현실에서의 탈피경향도 보인다. 뿐만 아니라 비현실적인 소리를 들을 수도 있고 자기최면을 통해 비현실의 세계에 자신을 투영시키기도 한다. 이러한 과정 속에서 다른 자아의 활동을 망각하는 증세를 보일 수 있기에 기억상실증을 가져오기도 한다.

다중성격장애는 자신의 괴로웠던 상처에서 벗어나려는 무의식적 욕구로써 실제의 자신과는 완전히 다른 별개의 성격을 자신에게 스스로 주입시키거나, 다시 대면하고 싶지 않은 과거의 환경에서 벗어나기 위해 새로운 환경을 스스로 만들어내려는 자기 방어적인 무의식의 작동으로 보기도 한다. 이러한 이유 때문인지 현재까지 조사에 따르면 어린 시절 정서적 상처(특히 성적 학대)가 많은 사람 중 특히 여성에게 잘 나타나는 장애로 알려졌다. 또한 다중성격장애를 가진 사람 중에서는 죽음을 목격한 경험을 가진 사람이 상당수 있는 것으로 조사되고 있다.

이러한 다중성격장애의 치료는 정신의학계에서도 크게 두 가지 의견이 있다. 하나는 자기 내부에 있는 여러 개의 인격적 요소를 존중하되 그것들이 하나의 인격으로 통합되도록 해야 한다는 것이다. 다른 하나는 여러 인격 중 한 가지를 더욱 강조하고 그 이외의 인격에 대해서는 반응을 보이지 않도록 유도해야 한다는 것이다.

한국인의 동시성적 자아

현대를 우리는 다양화의 시대라고 한다. 왜냐하면 다양한 가치가 공존하는 사회적 특징을 가지고 있기 때문이다. 다양

한 가치가 인정되는 사회에서는 나의 가치만을 강조할 것이
아니라 타인의 가치도 동등하게 인정되어야 한다. 이러한 주
장은 민주주의의 기본 원리처럼 이해되기도 한다. 실제로 근
대에 이르기까지 삶의 가치들은 대개 수직적으로 나열되어
있었다. 특히 근대에 들어와서는 과학이라는 이름 아래 비과
학적인 내용은 무가치한 것으로 폄하되었으며, 인간이 추구
해야 할 행복의 문제에 있어서도 서열을 두게 되었다. 선진국
과 후진국의 구별이 대표적인 예다. 한때는 물이나 전기의 사
용량에 따라 선진국과 후진국을 구별한 적도 있었다. 보다 많
은 전기와 물을 사용하는 국가가 선진국이었던 것이다.

그러나 소위 후기근대사회(Postmodern Society)에 들어와서는
기존의 독점적 가치를 부정하고 가치의 수평적 이해라는 측
면이 강조되었다. 즉 문화는 후진 혹은 선진의 의미로 구별
되어서는 안 되며, 근대사회에서 높은 가치로 인정되었던 것
들이 타 가치보다 꼭 우월한 것은 아니라는 의미이다. 이러한
이유로 철학에서는 '후기근대주의(Postmodernism)'라는 사상이
출현하기도 하였다. 실제로 후기근대주의는 예술적 이론에
특히 많이 적용되었는데, 예술이 창조를 근본으로 하는 한
어떤 모범적 접근이나 사조는 존재할 수 없다는 주장을 불러
일으키기도 하였다. 기존의 모든 가치가 '해체(Deconstructing)'
되어야 한다는 주장이 바로 이것이다. 따라서 국민의 행복지

수는 일 인당 생산량이 아니라 삶에 대한 만족도를 함께 고려해야 한다는 주장도 나오게 된 것이다.

다양성을 강조하는 현대사회에서는 개인의 자아도 여러 개로 쪼개지는 현상이 생기는데, 이를 현대 정신분석적 사회이론의 대가인 글라스(James M. Glass)는 그의 유명한 저서 『조각난 자아들: 후기근대사회에 있어서 다중성격(Shattered Selves: Multiple Personality in a Postmodern Society)』에서 '조각난 자아(Shattered Self)'로 부르고 있다. 즉 다양한 가치에 적응하기 위해서는 자신의 내부에도 다양한 가치를 공존시켜야 한다는 방어적 입장에서 현대인의 자아는 하나의 정체성을 갖지 못하고 여러 개로 쪼개지는 형상을 보인다는 것이다. 이러한 현상을 글라스는 앞서 논의한 다중성격과 비교하여 설명하고 있다. 그는 현대사회에서 다양한 가치를 인정하는 일은 좋은 것 같지만 정체성에 혼란을 가져올 우려가 있기에 사회적인 응집력을 약화시킬 수 있다고 암시하고 있다.

글라스의 주장과 연결하여 필자는 최근 한국적 현상을 분석하면서 '동시성적 자아(Synchronic Self)'라는 용어를 새롭게 창안하였다. 한국 사회는 그간 급속한 경제성장을 거듭하면서 다양한 가치가 공존하고 있으며, 그 속에서 한국인 역시 다양한 가치를 동시에 소유하고 있기 때문이다. 종교적으로만 보더라도 우리 사회는 고대 샤머니즘(Shamanism)으로부터 출발하여 불교와 유교 그리고 기독교적인 가치가 순차적으로 유입되었다. 그런데 이러한 가치들이 서로 통합되어 어떤 다른 가치를 형성하였다기보다는 오늘날까지 모두 동시에 존재하고 있으며 한국인 역시 이러한 다양한 가치에 익숙해 있다.

그런데 문제는 이러한 다양한 가치를 자기방어의 목적으로 활용한다는 점이다. 한국인 중 상당수는 편리에 따라 때로는 불교적 가치를 혹은 기독교적 가치나 유교적 가치를 내세우면서 자기의 행동을 정당화하는 경향을 보이기 때문이다. 종교를 떠나서도 때로는 전통적인 가치를, 때로는 현대 서구적 가치를 자기의 목적 달성을 위해 수시로 바꾸어 가면서 사용하고 있다. 가치란 자아의 정체성을 유지하는 핵심이 된다. 그러나 여러 개의 상충된 가치가 공존할 때는 자신의 정체성에도 문제가 생긴다. 따라서 서양에서는 다중성격이 정체성의 혼동으로 인해 스스로 고통을 수반한다고 보고 있다. 그런데 한국인에게 나타나는 다중성격적 특성은 자아에서는 고통이 없고, 오히려 자기방어를 위해 가치의 변화를 즐기는 경향마저 보인다.

필자는 이러한 한국인의 특수한 다중성격적 성향을 『한국인의 심리에 관한 보고서』를 쓴 알포드(C. Fred Alford)와 상의하여 '동시성적 자아'로 표현하기로 하였다. 그러나 이러한 동시성적 자아도 정도가 심하면 다중성격장애의 현상을 충분

히 발현할 수 있다. 따라서 필자는 한국인의 동시성적 자아
도 성격장애의 부분에 넣어 설명한 것이다.

심리적 방어와 불안정 그리고 소망

방어기제(Defence Mechanism)

프로이트는 이드의 충동이 초자아의 억제와 갈등을 겪을 때 자아를 보호하기 위한 무의적 반응을 방어기제라고 설명하였다. 이러한 논리를 대상관계이론의 입장에서 설명하면 앞서 설명한 바와 같이 자아이상이 초자아의 압력에서 벗어나 자아를 보호하려는 무의식적 반응이라고 해석할 수 도 있다. 왜냐하면 이드의 본질 중 자아이상의 욕구야말로 자아의 원초적인 기쁨을 향하고 있기 때문이다.

한마디로 방어기제란 자아이상이 초자아의 억제적 욕구

를 받아들일 수 없을 경우 그럴듯한 나름의 또 다른 초자아적 가치를 내세워 겉으로는 초자아의 억제적 요소를 받아들인 것 같은 형태를 취하지만, 결국 왜곡된 모습으로라도 자아이상을 분출하여 자아의 상처를 위로하려는 하나의 무의식적인 자아 보호전략이라고 할 수 있다. 이러한 방어기재는 성질 혹은 발달과정에 따라 병리학적, 미성숙적, 신경증적, 성숙적 방어기제로 구별할 수 있는데 특징을 요약하면 다음과 같다.

병리학적(Pathological) 방어

투사(Projection)

인간은 잘못이나 실수를 했을 때 불안감을 느낀다. 이 경우 불안이나 스트레스를 해소하는 방법은 잘못의 책임을 남의 탓으로 돌리는 것이다. 이렇게 되면 자신의 불안이 일부 사라질 수도 있는데 이러한 자아보호의 전략을 투사라고 한다. 투사는 방어기제의 가장 기본적인 요소기도 하다. 그런데 때로는 현실적으로 적절한 평계를 댈 수 없을 경우 망상이나 환각을 통해서라도 잘못의 이유를 찾으려고 한다. 이런 경우는 망상적(Delusional) 투사라고 볼 수 있기에 병리학적 방어로 분류하여 설명한다.

부정(Denial)

자아가 의식적으로 도저히 감당할 수 없는 상처를 받으면 이를 부정함으로써 상처나 충격에서 벗어나려는 무의식적 전략을 부정적 방어라고 한다. 사랑하는 사람이 죽었을 때 죽음을 그대로 인정하지 않고 무슨 일로 외국에 갔다고 말하는 것 등이 바로 이러한 예다. 자신의 잘못된 행위 자체를 완강히 부정하려는 태도도 이에 속한다.

왜곡(Distortion)

자아이상의 욕구를 충족시키기 위하여 현실적인 사실 등을 왜곡하는 것을 왜곡적 방어라고 한다. 모든 일을 자기가 유리한 방향으로 해석하려는 것도 이에 속한다. 이러한 왜곡적 방어는 종교적인 활동에서 나타나기도 하며, 앞서 논의한 망상적 투사와도 관련이 있기에 망상이나 환각을 동반하기도 한다. 망상을 통한 왜곡이 있을 수도 있기 때문이다.

분리(Splitting)

자신과 타인을 전적으로 좋음과 나쁨으로 구별하여 자아를 보호하려는 태도다. 즉 자신이 현실적으로 잘못했을지라도 상대방이 나쁜 사람이기 때문에 나의 잘못을 정당화할 수 있다는 감성 태도다. 이러한 방어기제를 자주 사용하는 사람은 주로 흑백논리에 사로잡혀 선과 악, 적과 동지로 구별하는 경향이 있다.

미성숙(Immature) 방어기제

행동화(Acting-out)

자신의 행동이 어떤 결과를 가져올 것이라는 생각 없이 일단 발현시키는 태도를 행동화라고 한다. 이는 자아이상의 욕구 분출을 지연시킬 경우 더 큰 상처를 입게 된다는 초조함이 있을 때 작동되는 방어적 태도이기도 하다. 화를 자주 내는 것도 이와 연결될 수 있다.

이상화(Idealization)

자신을 타인과 동일시하여 자아의 내면적 갈등을 벗어나기 위한 태도다. 이는 부모나 존경하는 사람, 나아가 평소에 자신이 두려워했던 나쁜 사람의 행동을 모방하거나 따라 하는 경우다. 간접적으로는 그 사람과 자신의 관계(고향이나 본관이 같다는 등)를 강조하면서 자신을 과시하는 것도 이에 속한다.

수동적 공격(Passive-Aggression)

상대방과의 관계에서 현실적으로는 그를 당해내지 못한다고 느낄 때 수동적으로 상대를 공격하는 경우를 수동적 공격이라고 한다. 즉 상대의 지시에 꾸물거리거나 답을 하지 않음으로써 그를 괴롭히는 경우가 대표적인 예다. 상대의 면전에서는 가만히 있다가 뒤통수를 치는 경우도 이에 속한다.

신체화(Somatization) 혹은 전환(Conversion)

자신이 하기 싫거나 해결하기 어려운 일이 있을 때 그 반항이 신체의 작동으로 연결되는 경우를 신체화 혹은 전환이라고 한다. 피아노를 치기 싫은 아이가 갑자기 팔에 마비가 온다든지 하는 경우를 말한다. "사촌이 땅을 사면 배가 아프다"라는 속담도 따지고 보면 신체화 현상을 묘사한 것이라고 볼 수 있다.

퇴행(Regression) 혹은 고착(Fixation)

자신의 불안을 해소하기 위하여 어린 시절의 미성숙 단계로 돌아가서 고착되려는 태도를 퇴행 혹은 고착이라고 한다. 즉 어린아이가 동생이 생겼을 때 부모가 자신에게 사랑을 덜 줄까 봐 관심을 끌기 위해 어린 동생처럼 행동하는 경우가 대표적인 예다.

신경증적(Neurotic) 방어기제

전치(Displacement)

어떤 대상에 대한 불만을 다른 대상(사람 혹은 물건)에게 분출하는 것을 전치라고 한다. 상관에게 꾸중을 듣고 부하에게 화를 낸다든지, 집에서 아내에게 당하고 다른 물건을 부수는 경우다. "종로에서 뺨 맞고 한강에서 눈 흘긴다"라는 속담은 이러한 현상을 표현하는 말이라고 볼 수 있다.

해리(Dissociation)

자아의 감성적 고통에서 벗어나기 위해 마치 다른 사람이 된 것처럼 자아를 분리시키는 방어를 해리라고 한다. 이는 앞서 다중성격장애와 연관이 있다. 과거에 자기와 불편한 관계를 맺었던 사람과 우연히 마주쳤을 때 전혀 당시의 자기가 아닌 것처럼 행동하거나, 상황이 불리하면 평소와는 전혀 다르게 처신하는 경우도 이에 속한다.

합리화(Rationalization)와 지식화(Intellectualization)

합리화란 자신의 실수나 잘못에 대해 그럴듯한 이유를 대 합리화함으로써 상처를 치유하려는 것을 말한다. 자신의 잘못에 대한 다양한 변명을 늘어놓는 경우도 넓게는 이러한 방어적 행위로 볼 수 있다. 이와 유사하지만 의식적으로 받아들일 수 없는 사태에 직면할 때 장황한 논리를 내세우거나 괴이한 지적 의미를 강조하면서 불리한 입장을 벗어나려는 태도를 지식화를 통한 방어라고 한다.

반동형성(Reaction Formation)

자신이 가진 자아이상의 욕구를 현실적으로 억제하고 오히려 정반대로 행동함으로써 불안을 해소하려는 것을 반동형성이라고 한다. 미운 사람에게 오히려 정중한 태도를 보이거나, 계모가 전실 자식을 지나치게 사랑한다든지 하는 경우다. 우리 사회에서 자주 사용되는 속담 중에 "미운 사람 떡하나 더 준다"라는 말은 이러한 현상과 연결된다고 볼 수도 있다.

억압(Repression)

억압이란 자신의 무의식적 욕구가 현실로 분출될 때 가져올 불안을 감당하지 못한다고 생각하여 욕구를 억압하는 것을 말한다. 심한 억압이 이루어질 경우 무슨 일을 자주 망각하거나 성인성 기억상실을 경험할 수도 있다. 흔히 이러한 행위가 의식적으로 행해지는 것을 억제(Suppression)라고 말한다. 옛 연인 때문에 괴로울 때 그 기억을 지우려고 의식적으로 노력하는 것은 이러한 경우다.

취소(Undoing) 혹은 철회(Withdrawal)

자신의 행위 중 현실적으로 용납되기 어려운 부분을 스스로 취소하려는 욕구를 취소 혹은 철회라고 한다. 광범위하게는 의식(儀式)을 통한 철회까지를 들 수 있는데, 이는 잘못을 사과하기 위해 어떤 행사를 치루는 것을 말한다. 예를 들면 아내에 대한 잘못을 저질렀을 때 아내가 좋아하는 이벤트를 통해 잘못을 취소하려는 태도다. 경미한 태도로는 상대방에게 과도한 선물 등을 줄 수도 있는데 이 또한 상대방에 대한 잘못을 취소하려는 욕구로 볼 수도 있다.

성숙된(Mature)방어기제

이타주의(Altruism)

이타주의란 타인을 돕고 배려하는 긍정적인 요소를 담고 있다. 그러나 한편으로는 자신의 무력함을 해소하기 위하여 타인을 돕는 것을 말하기도 한다. 예를 들면 자신의 능력이 부족하다고 생각할 때 친구나 형제의 학업을 도와준다든지, 혹은 자신의 현실은 보잘것없는데도 남을 위해 자선 행위를 하는 경우다.

예견(Anticipation)

미래에 도래할 수도 있는 불안을 벗어나기 위해 사태를 미리 예견하여 지나친 방어적 태도를 보이는 것을 예견방어라고 한다. 집에 도둑이 들 것에 대비하여 지나치게 경계하고 준비하는 것 등이다. 실수에 대비하여 매사에 미리 소극적 자세를 보이는 것도 이에 속한다.

유머(Humor)

심리적으로 불안한 상태를 벗어나려고 유머나 농담을 자주 하는 경우를 유머를 통한 방어라고 한다. 웃으면 불안이 일시적으로 사라질 수도 있기 때문이다. 이러한 방어기제를 너무 과도하게 사용하면 때로는 상대방에게 신중치 못하다는 평가를 받을 수도 있다.

동일시(Identification)

자신의 무의식적 소망이 이루어지지 않을 때 타인의 성취를 자신의 성취로 동일시하여 자아를 위안하려는 것을 동일시를 통한 방어라고 한다. 부모가 자녀의 성취를 보고 스스로 즐거워하는 것이 대표적인 예다. 따라서 대리만족의 의미도 가지고 있다.

승화(Sublimation)

자아의 불만족을 현실이 인정하는 또 다른 방향으로 전환시켜 해결하려는 보호 전략을 승화라고 한다. 즉 예술이나 스포츠 활동을 통해 불만을 해소하거나, 창조적인 일을 통해 자아의 상처를 치유하려는 태도다. 자신을 배신한 연인에 대한 상처치유를 위해 현실이 인정하는 가치를 성취하려는 욕구도 이에 속한다.

기타 방어기제

보상(Compensation)

자신의 부족한 면을 만회하려고 다른 부분에서 상처를 보상받으려는 것을 보상적 방어라고 말한다. 즉 키가 작은 사람이 육체미 운동을 한다든지 뚱뚱한 여자가 아주 가는 목소리를 내는 것 등이 이에 속한다. 못 배운 부모가 한을 풀기 위해 자식에게 높은 학력을 요구하는 것도 이러한 태도다.

상환(Restitution)

자신의 죄의식을 씻어내기 위해 사서 고생하는 경우가 상환의 대표적인 예다. 스스로 어려운 환경을 만들면서 기부행위를 자주 하는 것도 이러한 요소 때문이다. 이는 앞서 논의한 이타주의와도 일부 연결된다.

허세(Show Off)

자신의 결함을 보호하기 위하여 자신이 원하는 현실을 포장하여 내세우는 행위를 허세를 통한 자아의 보호라고 한다. 즉 현실적으로는 어려운데도 자신이 원하는 모습을 남에게 실제인 것처럼 보이는 행위다. 돈이 없으면서도 고급 승용차를 탄다든지 고급 사치품을 구매한다든지 하는 경우다. 실제로는 그렇지도 못하면서 자기가 풍족한 생활을 한다고 거짓을 말하는 경우도 이에 속한다.

통제(Controlling)

자신의 존재감을 들어내기 위해 매사에 과도하게 간섭하며 주변의 일까지 통제하려는 경향을 통제적 방어라고 할 수 있다. 이런 경우 대인관계에서 상대방에게 피로감을 주는 경우가 허다하다. 매사에 끼어들어 간섭하기 때문이다.

우울증(Depressive Disorder)과 스트레스(Stress)

우울증

우울증은 한마디로 삶의 의욕을 잃고 우울한 심리상태를

가지게 되는 정신 상태를 의미한다. 우울증은 어린 시절 사고나 폭행 혹은 학대 등의 경험을 가진 사람에게 발병률이 높다. 현대 의학에서는 뇌의 신경전달물질인 '도파민(Dopamine),' '세로토닌(Serotonin),' '노드아드레날린(Noradrenalin)' 등의 불균형이 우울증에 영향을 준다고 말한다. 우울증이 생기면 모든 가치가 허무하다고 생각하며, 불면증 혹은 과수면 증세를 보이기도 한다. 또한 육체적으로 소화불량, 가슴 답답함, 목과 어깨 등의 결림으로 이어지기도 한다. 심한 경우 자살을 시도하거나 정신분열증의 일부인 망상이나 환각 현상을 일으키기도 한다. 보통 우울증 초기 단계에서는 약물치료 혹은 심리치료 등으로 정상을 되찾을 수 있다.

미국정신의학회의에서는 정신장애 진단 통계편람에서 발표한 8개의 증상 중 ①과 ②가 포함된 5가지 이상의 증상이 2주 이상 계속되면 우울증으로 진단한다. 증상은 다음과 같다. 다만 이러한 증상은 약물이나 질환, 혹은 가까운 사람과의 사별을 통한 우울과는 구별되어야 한다.

① 하루 종일 우울함　　② 삶에 대한 흥미 감소
③ 체중 증가나 감소　　④ 불면 혹은 과수면
⑤ 초조감이나 정신운동 둔화 ⑥ 피로함
⑦ 무가치함 혹은 자책감　　⑧ 자살시도 혹은 계획

스트레스와 신경전달물질(Neurotransmitter)

스트레스는 외부로부터 위협이나 도전을 받았을 때 나타나는 반응이다. 지나치게 높은 스트레스를 받으면 불안감이 높아지며 문제해결을 위한 동기를 강하게 발현시키기 때문에 관심 범위가 세밀해져서 세세한 일에도 집착하게 된다. 즉 문제를 해결하기보다는 불안을 없애고자 하는 동기에만 집착하며, 감정적인 방어 대처행동에 더 많은 관심을 갖는다. 이러한 감성적 불안은 생리적인 불순현상까지 동반한다. 중대한 일이 있거나 매우 위험한 상태일 때 말을 더듬고 손발이 떨리는 경우가 그 예다. 물론 적당한 스트레스는 정상적인 삶이나 자기 발전을 위해 긍정적인 역할도 한다. 전혀 스트레스를 받지 않는다면 각성의 의미가 사라지고 매사를 그럭저럭 넘기려는 경향이 생기기 때문이다.

스트레스를 받으면 '코르티솔(cortisol)'이라는 호르몬이 분비되어 몸을 긴장시킨다. 여기에서 호르몬(Hormone)과 신경전달물질에 대한 이해가 필요하다. 호르몬은 내분비기관에서 생성되는 물질로 혈관을 타고 온 몸에 영향을 미친다. 그리고 신경전달물질은 뇌 속의 신경세포(Synapse)들 간에 정보(특히 감성정보)를 전달하여주는 물질로 넓은 의미로는 뇌 호르몬이라고 볼 수 있다. 또한 면역계에 영향을 주는 '사이토신(Cytokine)'은 면역세포가 분비하는 단백질을 말한다. 이렇게 보면 호르몬은 내분비계 호르몬, 마음과 감정을 만드는 신경계 호르몬(신경전달물질), 그리고 체내 면역력을 높이는 면역계 호르몬으로 나눌 수 있을 것이다. 지금까지 밝혀진 호르몬은 80여 종인데 일부 의학자들은 인간의 건강상태는 호르몬과 음식 및 운동으로 결정된다고 말한다.

여기에서는 일단 스트레스와 밀접한 관계를 가진 신경전달물질에 한해서 설명을 할 것이다. 과거에는 뇌의 명령은 세포 사이의 어떤 연결에 의해서 전달된다고 생각했다. 그런데 20세기에 와서 케이잘(Ramón y Cajal, 1852~1934)이라는 과학자가 뇌 세포 사이에는 아주 작은 틈이 있음을 발견하였다. 그리고 1921년 독일의 과학자 뢰비(Otto Loewi, 1873~1961)는 어떤 화학적 물질이 뇌 세포 사이의 틈을 통해 감성을 전달한다는 것을 발견하게 되었고 그 물질을 신경전달물질이라고 부르게 되었다.

우리가 자주 접하게 되는 대표적인 신경전달물질로는 도파민(Dopamine), 아세틸콜린(acetylcholine), 가바(GABA, Gamma Aminobutyric Acid), 세로토닌(Serotonin), 노르아드레날린(Noradrenalin) 등을 들 수 있다. 도파민은 베타(Beta)파를 창출하여 에너지가 넘치게 한다. 아세틸콜린은 알파(Alpha)파를 방출하여 감각적이며 창조적일 활동을 유도한다. 가바는 흥분을 조절하여 안정성을 불러일으키며 타인에 대한 배려를 부추긴다. 세로토닌은 델타파를 내보내며 즐거움을 준다. 노르아드레날린이나 아드레날린(Adrenalin)은 뇌를 경계상태로 유도한다.

따라서 스트레스를 받으면 코르티솔이 분비되어 몸이 긴장상태로 돌아갈 때 도파민이나 세로토닌, 혹은 가바 등의 긴장을 완화하고 즐거움을 주는 신경물질이 작동하여 스트레스로 인한 긴장을 이완하는 것이다. 요즈음 스트레스 해소를 위한 여러 가지 처방들은 신경전달물질의 균형에 초점을 두고 있다. 특히 세로토닌의 생성을 강화하는 여러 가지 방법이 논의되고 있는 것은 바로 이런 이유 때문이다.

꿈(Dream)

꿈의 사전적 의미는 수면기간 동안 경험하는 일련의 모습, 소리, 생각, 감정 등의 느낌이다. 꿈은 숙면을 할 때보다 수면이 깊어지지 않는 상태 즉 잠이 막 들기 시작할 때나 깨어나는 순간 주로 나타난다고 알려졌다. 완전한 수면이 아닌 상태를 눈이 빠르게 움직이는(REM, Rapid Eye Movement) 동안이라고 하는데 이때 꾼 꿈은 75%가 기억되며, 완전한 수면 동안의 꿈은 10% 미만으로 조사되었다. 또한 REM의 주기는 꿈과 연결되어 있는데, 젊은 성인은 저녁 취침 중 4~5번의

REM 주기가 생성된다.

프로이트의 이론에 따르면 평소에 자기가 소망하는 것 혹은 두려워하는 것이 무의식을 통해 침전해 있다가 꿈을 통해 발현된다고 한다. 따라서 꿈을 통해 사람의 무의식을 약간은 들여다볼 수 있다. 그러나 꿈은 기억되는 경우도 있고 그렇지 않은 경우도 있다. 그리고 꿈은 본인이 제어할 수 없는 것이 아니라 연습을 통해서 제어할 수 있는 것으로도 연구되고 있다.

꿈에 대한 연구는 프로이트 이후 많은 학자에 의하여 다양하게 진행되고 있다. 다만 여기에서는 정신분석학적 입장에서 꿈에 대한 본질적 의미만을 간단히 설명할 것이다. 정신분석학적 입장에서 보면 자신의 소망이나 두려움은 꿈을 통해서 그대로 재현되기도 한다. 즉 현실에서는 이루지 못하는 사랑이 꿈속에서는 이루어질 수도 있으며, 미워하는 사람을 꿈에서 두들겨 패는 경우도 있다. 또한 꿈은 상징화(Symbolization)로 나타나기도 한다. 즉 자기가 싫어한 사람이 꿈에 뱀의 형상으로 나타나 자기를 괴롭힐 수도 있고, 사랑하는 사람의 모습이 꽃의 모습으로 나타날 수도 있다.

꿈의 상징화는 문화에 따라 차이가 있다. 한국에서 돼지꿈을 꾸면 돈이 들어온다는 관습이 있기 때문에 돈을 원하는 사람의 꿈에는 돼지가 나타날 수 있다. 반대로 이가 빠지는 꿈을 꾸면 안 좋은 일이 생긴다는 관습 때문에 돌아올 미래에 대한 걱정을 많이 하면 꿈에 이가 빠지기도 한다. 꿈에서 죽임을 당하는 경우도 이와 비슷하다. 이 경우 한국인은 꿈속에서 죽음을 체험할 경우 자기가 아는 사람 아니면 한국 사람들만이 보이기 쉽다. 그러나 서양인은 주로 서양 사람들만 보인다. 이러한 현상이야말로 꿈은 평소에 자아와 외부 환경과의 내사와 투사를 통해 형성되는 자아의 무의식적 범위를 벗어나기 어렵다는 것을 의미한다.

정신분석학적 입장에서 보면 인간은 유전적인 요소 이외에 자아의 원초적인 비자족성과 불만족 때문에 감성의 기복이 나타나며 이를 극복하지 못할 때 스트레스, 우울증 그리고 정신적 이상을 보이는 것이다. 그리고 이러한 불안을 해소하려는 노력은 인간의 태도나 행동을 좌우한다. 따라서 다음 장에서는 인간의 원초적인인 비자족성과 문명 속에서 얻어지는 불만족의 본질, 그리고 치유를 위한 기본 원리를 간단히 정리하고자 한다.

인간의 불만족과 심리치유의 본질

인간의 비자족성을 통한 불만족

인간은 근본적으로 비자족적 존재다. 이러한 비자족적 요소는 세 가지로 이야기할 수 있다. 첫째, 육체적으로는 죽어야만 하는 운명이지만 정신적으로는 영생을 꿈꾸고 있다. 즉 정신은 시간을 초월하지만 육체는 시간의 절대적 제약을 받는 모순이 있다. 둘째, 생물학적으로 암수가 다른 개체를 이루고 있기 때문에 한쪽 성은 그 자체로 성적 만족을 가져오기 어렵다. 물론 자위나 동성 간의 사랑을 통해 성적 욕구를 분출할 수도 있지만 본질적인 현상은 아니다. 셋째, 개인과 사회 간에 욕구나 소망은 합일을 이루기 어렵다. 인간은 사회적인 동물이면서 동시에 개인의 자유가 요구되는 존재기에 개인과 단체 혹은 사회와의 갈등을 내재하게 된다는 것이다.

그런데 이러한 비자족성에도 불구하고 인간의 마음 밑바닥에는 끊임없이 자족성을 찾으려는 본능 혹은 무의식이 자리하고 있다. 이러한 면은 앞에서 설명한 원초적 자아도취의 완전성으로 돌아가려는 자아이상의 힘 때문이다. 문명의 기원도 그렇고 모든 종교 혹은 학문, 예술 등도 이러한 갈등 해소와 완전성으로 회귀하려는 욕구의 결과다. 특히 과학의 발전이야말로 이러한 욕구를 의미 있게 보여주는 좋은 예다. 인간은 종교를 통해 영생을 추구하며 학문과 예술을 통해 삶의 본질을 이해하고 비자족성의 문제를 해결하기 위한 많은 이론과 사상 혹은 표현을 하게 된다. 뿐만 아니라 과학을 통해서는 인간의 힘으로 불가능하다고 생각했던 일까지 해결할 수 있는 연구를 지속하고 있는 것이다.

이러한 노력에도 불구하고 인간은 누구나 비자족성과 완전성을 향한 욕망 사이에서 고통을 피할 수는 없다. 아직도 종교나 학문과 과학 그리고 예술이 이러한 문제를 완전히 극복하지 못하고 있는 것 아닌가? 인간은 본질적으로 갈등적 존재며 완전한 마음의 평화와 만족을 얻는 데는 한계가 있음을 부정할 수는 없다. 정신분석학은 바로 이러한 인간의 원초적인 갈등의 문제를 무의식의 본질로 이해하고 그 동적 양상을 연구함으로써 감성적 갈등과 안정의 원리를 파악하려는 것이다. 이러한 노력이야말로 우리의 삶을 보다 풍요롭게 유지시키는 길이기 때문이다.

문명의 양면성

앞서 홉스의 이론을 설명하면서 문명의 기원을 잠깐 언급한 바 있다. 좀 더 구체적으로 이야기하면 문명이야말로 인간의 가장 위대한 발명품인데, 이는 바로 문명을 통해 우리가 가장 두려워하는 폭력적 죽음으로부터 우리를 보호할 수 있기 때문이다. 뿐만 아니라 보다 풍요로운 삶까지를 얻게 되었다. 따라서 문명은 인간의 원초적인 본능인 자아보존의 욕구를 충족시키는 결과를 가져왔음이 틀림없다.

이러한 긍정적인 역할에도 불구하고 문명은 우리에게 완전한 만족을 가져다주지는 않는다. 그 이유는 니체의 자아실현(Self-Realization)이라는 개념으로 설명할 수 있다. 홉스가 주장하는 자아보존은 육체적인 면이 강조되지만 니체는 여기에 추가하여 인간은 원초적으로 자아실현의 정신적 욕구가 있음을 밝히고 있기 때문이다. 그렇다! 인간은 정신을 가지고 있기에 육체적인 보호만으로 자신의 만족이 충족되지는 않는다. 자기가 원하는 일을 실현하는 일이야말로 만족을 위한 핵심요소가 되는 것이다. 그렇다면 자아실현의 욕구야말로 육체적인 자아보존의 욕구 못지않은 본질적 요소라고 할수 있다. 죽어서라도 자기의 꿈을 실현하려는 경우가 바로 이러한 양상을 대변해 주고 있다.

그런데 문명은 우리의 자아실현을 위한 방향으로 진화해 왔지만, 때로는 자아의 욕망을 억제시키는 성격도 있다. 문명은 질서와 안전에 초점을 두고 있기에 때로는 우리의 욕구를 거스르는 경우도 허다하다. 프로이트의 이론에 따르면 문명의 출발은 성적 규제로부터 출발했다고 해도 과언은 아니다. 질서를 위하여 성적 관계를 제한하고 있는 것이 문명의 핵심적 요소 중 하나이기 때문이다. 따라서 문명 속에서 우리는 원초적으로 소망하는 성적 욕구도 일부 억제해야 한다. 아무나 사랑할 수는 없기 때문이다. 뿐만 아니다. 죽임의 본능도 억제해야 한다. 미워하는 사람을 내 마음대로 처리할 수 없기 때문이다.

결국 문명은 질서 혹은 도덕과 윤리의 이름으로 우리의 본질적인 감성인 사랑과 미움, 그리고 여기에서 파생되는 수많은 감정을 억압하고 있는 것이다. 따라서 문명 속에서 감정의 억제를 느끼지 않는 경우는 없을 것이다. 이렇게 문명 속에서 억제되고 억압된 감성은 우리의 무의식에 침잠하고 있으면서 때때로 나타나 우리의 행동에 영향을 준다. 문명 속에서 억압된 감성은 우리의 본질적 비자족성과 함께 우리의 무의식에 상처로 남게 된다. 그리고 이러한 상처가 원활히 해소되지 못할 때 정신적으로 심한 갈등을 느낀다. 앞서 논의한 감성적인 불안 및 충격 그리고 이에 대해 자아를 보호하려는 다양한 방어적 행위는 물론 정신이상의 문제까지 모두 이러한 원초적 갈등에서 뿌리를 찾을 수 있는 것이다.

심리치유의 정신분석학적 원리

그렇다면 이러한 갈등으로부터 빚어진 상처를 치유할 방법은 없을까? 물론 이 질문에 대한 답은 광범위하게 논의 될 수 있다. 특히 정신의학적 입장에서는 매우 심각한 정신이상의 문제를 포함한 성격장애의 문제까지 치료할 수 있는 다양한 처방을 내놓고 있다. 그리고 심리 상담이나 예술치료 등 다양한 방법이 논의될 수 있다. 그러나 여기에서는 비교적 경미한 상처의 치유에 대한 정신분석학적 원리만을 아래와 같이 간단히 소개하겠다.

자아 분석

먼저 제일 중요한 것은 자아를 분석해 보는 일이다. 물론 이런 작업을 위해서는 정신분석학의 기본 원리를 알아야 한다. 이는 앞서 설명한 무의식의 형성이나 발전 방향에 대한 기본적인 상식만 있으면 가능하다. 특히 자신의 자아이상과 초자아가 어떤 형태로 갈등하고 있는가만 알아도 현재 자신의 정신적 갈등 문제를 일부는 알 수 있을 것이다. 이러한 분석을 하다 보면 자연스럽게 정서의 안정을 찾을 수 있는 방법이 강구되기도 한다. 정신병원에서도 환자들에게 정신분석 이론을 강의하기도 하는데, 이는 자신의 문제를 스스로 발견하면 치유에 상당한 효과가 있기 때문이다. 이러한 방법을 약물치료의 대칭적 의미로 정신치료요법이라고 말한다.

완전성 추구로부터 탈피

다음으로 약간은 철학적 의미도 담고 있는데, 인간은 원래 비자족적이며 갈등적인 존재라는 것을 인식하는 일이다. 원초적인 비자족적 한계 그리고 문명의 본질을 이해하지 못하면 자아이상이 때때로 현실 적응성을 상실하게 된다. 그러나 이러한 한계를 알면 우리의 자아이상은 현실의 원리에 근거한 초자아의 욕구와 적절하게 타협할 수도 있다. 원론적으로 자아이상이 초자아와 적절한 조화를 이루면 내부 갈등이나 상처가 완화되는 경향을 보인다. 물론 현실과의 타협만을 위하여 자아이상이 가지는 창조성이 무시되어서는 안 될 것이다.

감정의 승화(Sublimation)

여기에서 논의하는 승화는 앞서 설명한 자아를 보호하려는 승화적 방어기제와 연결성이 있다. 즉 자신의 상처를 치유하는 방법으로 승화를 통해 억제된 욕구를 해소하자는 것이다. 승화는 현실에서 직접적으로 이룰 수 없는 일을 문명이 인정하는 다른 가치로 전환하여 이루려는 행위를 말한다. 즉 종교나 학문 혹은 예술 활동을 통해 현실에서의 심리적 괴로움을 해소하는 것을 말한다. 이는 고도의 정신세계를 경험함으로써 현실의 상처를 치유하는 것을 말하기도 한다. 명상을 포함한 종교적 행위, 혹은 정신수양을 통한 자신의 순화 등이 대표적인 예다.

내재론(Immanence)적 위안

철학적으로 어떤 현상에 대한 근거나 원인이 자기 자신의 내부에 있다는 '내재성 혹은 내재론(Immanence)'은 인간의 부족함을 넘어선 어떤 절대자의 '초월성(Transcendence)'에 대칭되는 의미다. 이는 초월적인 힘이 없이도 자기 스스로 문제를 해결할 수 있다는 의미와도 연결되는 것이다. 따라서 내재론은 정신분석학적으로 자신을 사랑함으로써 자신의 문제나 슬픔을 극복하려는 시도와 일맥상통한다.

자아를 사랑하지 못한 사람에게는 원초적인 비자족성이

나 문명 속의 억압이 항상 깊은 상처로 남는다. 그러나 자신을 사랑하게 되면 고통에 대한 위로의 마음이 싹트게 된다. 구체적으로 자신의 문제 자체를 차라리 사랑하면 고통에서 일부 벗어날 수 있다는 것이다. 질병이 있는 사람이 병을 자신의 적으로 몰아서 갈등을 겪기보다는 병든 자신을 사랑함으로써 심리적 위안을 얻는 경우가 대표적인 예라고 할 수 있다.

감정 발산과 스트레스 해소

프로이트는 인간의 무의식에는 모든 갈등적 감정을 완화시키고 안정을 취하려는 항상성(Constancy)을 향한 욕구가 있다고 말했다. 즉 목이 마르면 물을 원하여 육체의 원활한 항상성을 유지하듯이, 인간의 정서에도 항상 안정을 유지하려는 욕구가 있다는 것이다. 모든 정신적 스트레스는 이러한 항상성이 파괴되기 때문에 야기된 것이라고 해도 과언은 아니다. 의학적으로는 신경전달물질이 항상성 유지에 중요한 역할을 하고 있다고 보고 있다.

그런데 항상성을 유지하려면 감성을 발현하는 것이 바람직하다. 슬프면 울고, 기쁘면 웃고, 화가 나면 화를 내는 것이 항상성 유지에 도움이 된다는 것이다. 동양 속담에서 "한 번 웃으면 한 번 젊어지고, 한 번 화내면 한 번 늙어진다"라는 말이 있는데 정신분석학적으로는 화를 내지 않고 참기만 하는 것이 정신건강에 더 해롭게 작동된다고 보고 있기 때문이다.

물론 사회가 용납하지 못하는 과도한 화의 분출은 문제가 있을 수 있다. 그러나 적당하게 화를 내어 자신의 울분을 토하는 일은 정신의 안정을 가져오는 데 매우 효과적이다. 비극을 보고 한 번 울고 나면 나름대로 마음이 개운해지는 카타르시스(Catharsis 혹은 Katharsis)를 경험하는 것도 이러한 원리다. 육체적으로 웃으면 뇌가 즐거운 일이 있는 것으로 인식해서 즐거움을 주는 신경전달물질을 분비하는데, 웃음 치료가 인기가 있는 것은 바로 이러한 원리와 연결된다.

환상(Hallucination)을 통한 원초적 욕구 해소

앞서 언급한 기시다 슈의 말대로 인간은 환상이라는 좋은 무기를 가지고 있다. 따라서 우리는 현실의 고통을 환상을 통해서 해결할 수 있다. 현실에서는 이루어질 수 없는 일도 환상 속에서는 이루어질 수 있다. 현실에서 만날 수 없는 사람을 환상 속에서 만날 수 있는 것도 이러한 예다. 따라서 환상은 우리의 무의식적 상처를 치료하는 좋은 분출구가 될 수도 있다.

그러나 문제는 환상성이 너무 강하면 망상이나 환청 혹은 환각을 유발하는 정신이상 증세와 연결될 수 있다는 점이다.

그런데 어느 정도의 환상이 우리의 상처를 건전하게 치유하느냐를 밝히는 일은 매우 어렵다. 개인마다 감성적인 차이가 있기 때문이다. 다만 여기에서는 우리는 때때로 환상이라는 출구를 통해 상처를 위로할 수도 있다는 정신분석적 원리를 말할 뿐이다.

참고자료

1장

1. 고대철학과 근대철학의 차이로서 이성과 감성의 문제에 관해서는 김용신, 『성리학자 기대승 프로이트를 만나다』, 서울: 예문서원, 2002년, pp. 19-37 그리고 pp. 65-74, 참고.

2. 마키아벨리의 감성에 대한 설명에 관해서는 Niccolo Machiavelli, 『The Prince and Discourses』, New York: The Random House Inc., 1950년, pp. 231-233 참조. Martin Fleisher, "A Passion for Politics," 『Machiavelli and the Nature of Political Thought』, A Theneum, 1972년, 참고.

3. 홉스의 감성에 대한 설명에 관해서는 Thomas Hobbes, 『Leviathan』, edited by Michael Oakeshott, New York : Macmillan Publishing Co., 1962년 참고. Laurence Berns "Thomas Hobbes," in 『History of Political Philosophy』, edited by Leo Strauss and Joseph Cropsey, Chicago: University of Chicago University Press, 1987년, 참고.

4. 니체의 감성에 대한 설명에 관해서는 Friedrich Nietzsche, 『Beyond Good and Evil』, translated by Walter Kaufmann, New York: Vintage Books, 1966년, 참고. Friedrich Nietzsche, "Will to Power" in 『The Complete Works of Nietzsche』, Vol. 14, translated by Anthony M. Ludovici, New York: Russel & Russel, 1964년, 참고. Huntington Wright, 『What Nietzsche Thought』, New York: B. W. Hubsche, 1917년, 참고. Werner J. Dannhauser, "Friedrich Nietzsche," in 『History of Political Theory』, 참고.

5. 프로이트의 본능이론에 관해서는 Sigmund Freud, 『Civilization and Its Discontents』, translated by James Strachey, New York: W. W. Norton & Co., 1961년. 참고. Sigmund Freud, "Three Essays on the Theory of Sexuality," in 『S.E.(The Standard Edition of the Complete Psychological Works of Sigmund Freud)』, London: The Hogarth Press (1953-1974년: 24권 간행), Vol. IV. and V, 참고. Jay R. Greenberg and Stephen A. Mitchell, 『Object Relations in Psychoanalytic Theory』, Cambridge, Mass: Harvard University press, 1983년, pp. 21-49, 참고.

6. 설리번의 대인정신분석학에 관해서는 Harry Stack Sullivan, 『The Interpersonal Theory of Psychiatry』, New York, Norton, 1953년, 참고. Jay R. Greenberg and Stephen A. Mitchell, 『Object Relations in Psychoanalytic Theory』, pp. 79-115, 참고.

7. 건트립의 대인정신분석학의 비판에 관해서는 Harry Guntrip, 『Personality Structure and Human Interaction: the Developing Synthesis of Psychoanalytic Theory』,New York: International University press, 1961년, 참고.

8. 클라인의 대상관계이론에 관해서는 Julliet Mitchel eds., 『The Selected Melanie Klein, New York: The Free Press, 1986년), 참고. Jay R. Greenberg and Stephen A. Mitchell, 『Object Relations in Psychoanalytic Theory』, pp. 119-150, 참고.

9. 정신분석학의 일반적인 흐름에 관해서는 김용신, 『문명비판 II: 한국인의 잠재의식과 정치병리』, 서울: 명상, 2000년 pp. 17-44, 김용신,『성리학자 기대승 프로이트를 만나다』, 2002년, pp. 74-91, 김용신,『심리학 한국인을 만나다』서울: 시담, 2010년, pp. 20-24) 참고.

2장

1. 무의식의 본질에 관해서는 김용신,『문명비판 II』, pp. 17-27, 참고.

2. 행태주의와 정신분석적 사회 이론에 관해서는 김용신,『심리학 한국인을 만나다』, pp. 16-20 참고.

3. 집단무의식에 관해서는 김용신, 『심리학 한국인을 만나다』, pp. 25-28, 참고.

4. 프로이트의 집단심리 연구에 관해서는 Sigmund Freud, 『Group Psychology and the Analysis of the Ego』, translated by James Strachey, New York: W. W. Norton & Co., 1959년 참고.

5. 바이언의 집단연구에 관해서는 Wilfred Ruprecht Bion, 『Experiences in Group and Other Papers』, London: Travistock, 1961년, 참고.

6. 융의 집단무의식 이론에 관해서는 Anthony Storr, 『Jung』, London: Pontana Press, 1973년, pp. 39-61 참고. Frieda Fordham, 『An Introduction to Jung's Psychology』, Middlesex, England: Penguin Books, 1966년, pp. 47-68 참고.

3장

1. 무의식의 형성에 관한 설명에 관해서는 김용신, 『문명비판 II』, pp. 31-44, 참고.

2. 프로이트의 자아와 이드에 관해서는 Sigmund Freud, " The Ego and Id," in 『S.E.』, Vol. XIX, pp. 13-68, 참고.

3. 프로이트의 자아이상에 대한 설명에 관해서는 Sigmund Freud, 『집단 심리와 자아의 분석(Group Psychology and the Analysis of the Ego)』,참고.

4. 홀의 초자아와 자아이상에 대한 설명에 관해서는 Calvin S. Hall 『A Prime of Freudian Psychology)』, New York: The World Publishing Co., 1974년, 참고.

5. 미체를리히의 자아이상과 초자아에 대한 설명에 관해서는 Alexander Mitscherlich, 『Society without Father』, New York: A Hellen and Kurt Wolff Book, Harcout, Brace & World, Inc., 1963년, 참고.

6. 샤스귀에르 스미젤의 자아이상과 초자아에 대한 이론에 관해서는 Jenine Chasseguet-Smirgel, 『The Ego Ideal』, New York W. W. Norton & Co., 1975년, 참고. Jenine Chasseguet-Smirgel, "Some Thoughts on the Ego Ideal: A Contribution on the Study of 'Illness of Ideality'," 『The Psychoanalytic Quarterly』, Vol. 30, 1961년, pp. 171-209, 참고.

7. 프로이트의 소망이론에 관해서는 Jay R. Greenberg and Stephen A. Mitchell, 『Object Relations in Psychoanalytic Theory』, pp. 28-30, 참고.

8. 필자의 타 저서에 설명한 심리구조 및 자아이상과 초자아의 관계에 관해서는 Yong Shin Kim, 『The Ego Ideal, Ideology, and Hallucination』, New York and London: University Press of America, 1992년, pp. 43-46 참고. 김용신, 『문명비판 II 』, pp. 45-57, 참고. 김용신 『성리학자 기대승을 만나다』, pp. 79-84, 참고.

4장

1. 오이디푸스 왕에 대한 이야기는 Sophocles, 『The Three Theban Plays: Antigone, Oedipus the King, and the Oedipus at Colonus』, New York: The Viking Press, 1982년, 참고.

2. 필자의 타 저서에 나타난 오이디푸스 왕과 오이디푸스 콤플렉스의 설명에 관해서는 Yong Shin Kim, 『The Ego Ideal Ideology, and Hallucination』, pp. 65-84, 참고. 김용신, 『문명비판 II』, pp, 146-149, 참고.

3. 엘렉트라 콤플렉스에 관해서는 "Electra," 혹은 "Electra Complex," in Google, 참고.

4. 설인귀 장군 이야기의 원 출처는 A. C. Scott, 『An Introduction of Chinese Theater』, Donald Moor, 1958년 참고. 이 이야기에 대한 설명에 관해서는 Richard Solomon, 『Mao's Revolution and Chinese Political Culture』, California: University of California Press, 1971년 pp. 28-38, 참고. Yong Shin Kim, 『The Ego Ideal, Ideology, and Hallucination』, pp.74-75, 참고. 김용신 『문명비판 I :정치철학과 정신분석학의 만남』, 서울 명상, 2000년, 51-54, 참고.

5. 러스텀 장군의 이야기에 관해서는 Matthew Arnold 『The Poem of Matthew Arnold』, edited by Kenneth Allott, London: Lonmans, 1965년, pp. 302-330, 참고. E. G. Brown, 『Literacy History of Persia』, Cambridge: Cambridge University Press, 1956년, 참고. Jan Rypka, 『History of Iranian Literature』, Dordrecht, Holland, D. Reidal, 1968년, 참고. Yong Shin Kim, 『The Ego Ideal, Ideology, and Hallucination』, pp. 73-74. Leon S. Sheleff, 『Generations Apart: Adult Hostility to Youth』, New York: McGraw Hill, 1981년, pp. 18 and 37, 참고.

6. 자이상의 발달경로에 대한 이론에 관해서는 Jenine Chasseguet-Smirgel, "Some Thoughts on the Ego Ideal: A Contribution on the Study of 'Illness of Ideality'," 참고. Yong Shin Kim, 『The Ego Ideal, Ideology and Hallucination』, pp. 46-50, 참고. 김용신, 『보수와 진보의 정신분석』, 서울: 살림출판사, 2008년, pp. 17-21, 참고.

7. 호르크하이머의 아버지 권위에 대한 설명에 관해서는 Max Horkheimer, "Authority and Family Today," in 『The Family: Its Functions and Destiny』, edited by R. Anshen, 1949년, pp. 359-374, 참고.

8. 아도르노의 아버지 권위에 대한 설명에 관해서는 Jessica Benjamin, "The End of Internalization: Adorno's Social Psychology," In 『Telas』,

Vol. 32(Summer), 1972년, p. 54, 참고.

9. 미체를리히의 어린이 정서발달에 대한 설명에 관해서는, Alexander Mitscherlich, 『Society without Father』, pp. 269-270, 참고.

10. 래시의 현대사회에서의 어린이 정서발달에 대한 설명에 관해서는 Christopher Lasch, 『Haven in a Heartless World』, pp. 184-185, 참고.

11. 오이디푸스 콤플렉스의 한국적 경향에 관해서는 Yong Shin Kim, The Ego Ideal, Ideology, and Hallucination, pp. 85-122, 참고. 김용신, 『보수와 진보의 정신분석』, pp. 58-77, 참고. 김용신, 『심리학 한국인을 만나다』, pp.186-211, 참고.

5장

1. 정신병과 정신분열증의 정의 및 차이에 관해서는 "정신병," 생명과학 대사전과 문학비평용어사전, Naver, 참고. "Psychosis," Wikipedia, the free encyclopedia, Google, 참고. "Psychosis and Schizophrenia," "Difference Between Schizophrenia and Psychosis," "Schizophrenia and Psychosis-7 Differences Between Schizophrenia and Psychosis," Google 참고.

3. 블로일러에 관해서는 "Paul Eugen Bleuler," Wikipedia, the free encyclopedia, Google, 참고

4. 아이겐의 이론에 관해서는 Michael Eigen, 『The Psychotic Core』, Northvale, New Jersay and London: Jason Aronson Inc., 1986년, pp. 31-35, 참고.

5. 환상에 관해서는 기시다 슈, 『게으름뱅이의 정신분석』, 1 · 2권, 우주형 번역, 서울: 도서출판 깊은 샘, 1995년, 참고. 김용신, 『The Ego Ideal, Ideology, and Hallucination』, pp. 50-60, 참고.

6. 미움에 대해서는 Vamik D. Volkan, 『The Need to Have Enemies and Allies』, 참고. 김용신, 『심리학 한국인을 만나다』, pp.113-133, 참고.

7. 정신분열증의 원인과 증상 및 미국정신의학회의 진단기준에, 대해서는 "정신분열병," 위키백과, Google, 참고. "정신분열증(Schizophrenia), 정의, 원인 증상," Google, 참고. "조현증(정신

분열증),"서울대학교 병원 제공, Naver, 참고. "Schizophrenia,"
Wikipedia, the free encyclopedia, Google, 참고.

8. 조현병의 명칭 지정에 관해서는 "정신분열증(조현병)," 교육학용
어사전, Google, 참고.

9. 자폐증에 관해서는 "자폐증," 위키백과, Google, 참고. "Autism,"
Wikipedia, the free encyclopedia, Google, 참고.

6장

1. 프로이트의 정서 발달과정에 관해서는, "정신분석적 성격발달,"
Google, 참고.

2. 에릭 에릭슨의 생애 및 이론에 관해서는 Robert Coles, 『Erik H.
Erikson: Grows of His Works』, Boston: Little Brown and Company,
1970년, 참고.

3. 성격장애의 정의에 관해서는 "성격," 위키백과, google, 참고. "인
격장애," 특수교육학용어사전, Naver, 참고.

4. 성격장애의 진단기준에 관해서는 "인격장애," 위키백과, Google,
참고.

5. 성격장애의 종류에 관해서는 "인격장애," 위키백과, Google, 참
고. "내부모순−성격장애 자가진단," Google, 참고. "Personality
disorder," Wikipedia, the free encyclopedia, Google, 참고.

6. 다중성격장애에 관해서는 "다중인격장애: Daum 지식," Google,
참고, "해리성 정체장애," 위키백과 Google, 참고. "해리장애,"
Daum, 참고.

7. 조각난 자아에 관해서는 James M. Glass, 『Shattered Selves: Multiple
Personality in a Postmodern Society』, Ithaca, and London: Cornell
University Press, 1993년, 참고. James M. Glass, 『Private Terror/Public
Life: Psychosis and the Politics of Community』, Ithaca and London,
1989년, 참고.

8. 동시성적 자아에 관해서는, 김용신, 『심리학 한국인을 만나다』,
pp. 163−185, 참고. 『김용신, 보수와 진보의 정신분석』, pp, 71−77,
참고. C. Fred Alford, 『한국인의 심리에 관한 보고서』, 남경태 번역,
서울: 그린비, 2000년, 참고.

7장

1. 방어기제의 의미와 종류에 관해서는 Sigmund Freud, 『Introductory Lectures on Psychoanalysis』, translated by James Strachey, New York: W. W. Norton & Company, 1966년, pp. 269, 309, and 410-411, 참고. Abraham H. Maslow, 『The Psychology of Science』, Chicago: Henry Regnery Company, 1966년, 참고. "방어기제," Naver, 참고. "Defence mechanisms," Wikipedia, the free encyclopedia, Google, 참고. "프로이트의 방어기제," Google, 참고. "상담심리-방어기제의 종류," Google, 참고.

2. 우울증의 증상과 원인 및 진단에 관해서는 "Major depressive disorder, "Wikipedia, the free encyclopedia, Google, 참고. "우울증," 위키백과, Google, 참고. "우울장애(Depressive Disorder)" 서울대학교병원 제공, Naver. 참고.

3. 스트레스에 관해서는 "Stress," Wikipedia, the free encyclopedia, google, 참고. "스트레스 호르몬-Medicine," Google, 참고.

4. 호르몬과 신경전달물질에 관해서는 "호르몬 조절," Google, 참고. "호르몬," 위키백과, Google, 참고. "Neurotransmitter," Wikipedia, the free encyclopedia, google, 참고. "신경전달물질," 위키백과, Google, 참고.

5. 프로이트의 꿈에 관한 설명에 관해서는 Sigmund Freud, 『On Dream』, translated by James Strachey, New York: W. W. Norton & Company, 1952년, 참고. 동양의 꿈에 대한 연구에 대해서는 劉文英, 『꿈의 철학』, 하영삼, 김창경 번역, 서울: 동문선, 1993년, 참고. "Dream," Wikipedia, the free encyclopedia, google, 참고. "꿈," 위키백과, Google, 참고. Thomas S. Szasz, 『The Ethics of Psychoanalysis』, New York: A Delata Book, 1965, p. 171, 참고.

8장

1. 인간의 원초적인 비자족성에 관해서는 김용신, 『예술의 정신분석학적 해석』, 서울: 나남, 2009년, pp. 34-41, 참고.

2. 문명과 그 불만족에 관해서는 Sigmund Freud, 『Civilization and Its Discontents』, 참고. 김용신, 예술의 정신분석학적 해석, pp. 20-33, 참고.

3. 자아의 분석에 관해서는 김용신, 『심리학 한국인을 만나다』, pp. 214-216, 참고.

4. 감성의 승화와 내재적 위안에 관해서는 김용신, 『예술의 정신분석학적 해석』, pp. 54-71. C. Fred Alford, 『Melanie Klein & Critical Social Theory』, New Haven and London, Yale University Press, 1989년, pp. 104-120, 참고.

5. 프로이트의 항상성 원리에 관해서는 Sigmund Freud, 『Beyond the Pleasure Principle』, New York: W. W. Norton & Company, 1961s년, 참고. Jay R. Greenberg and Stephen A. Mitchell, 『Object Relations in Psychoanalytic Theory』, pp. 25-28, 참고. "Literary Encyclopedia Constancy Principle," Google, 참고.

6. 슬픔의 표현을 통한 카타르시스에 관해서는 C Fred Alford,『Melanie Klein & Critical Social Theory』, pp. 120-124, 참고.

7. 환상에 관해서는 가시다 슈(岸田 秀), 『게으름뱅이의 정신분석』 1·2권, 우주형 번역, 참고. Yong Shin Kim, 『The Ego Ideal, Ideology, and Hallucination』, pp. 50-59, 참고.

나는 누구인가 일반인을 위한 정신분석학

펴낸날	초판 1쇄 2013년 10월 31일

지은이	김용신
펴낸이	심만수
펴낸곳	(주)살림출판사
출판등록	1989년 11월 1일 제9-210호

주소	경기도 파주시 문발동 522-1
전화	031-955-1350　팩스 031-624-1356
기획 · 편집	031-955-4671
홈페이지	http://www.sallimbooks.com
이메일	book@sallimbooks.com

ISBN	978-89-522-2760-7　04080

※ 값은 뒤표지에 있습니다.
※ 잘못 만들어진 책은 구입하신 서점에서 바꾸어 드립니다.

이 도서의 국립중앙도서관 출판시도서목록(CIP)은 서지정보유통지원시스템 홈페이지
(http://seoji.nl.go.kr)와 국가자료공동목록시스템(http://www.nl.go.kr/kolisnet)에서
이용하실 수 있습니다.(CIP제어번호: CIP2013021015)

책임편집　박종훈

026 미셸 푸코　eBook

양운덕(고려대 철학연구소 연구교수)

더 이상 우리에게 낯설지 않지만, 그렇다고 손쉽게 다가가기엔 부담스러운 푸코라는 철학자를 '권력'이라는 열쇠를 가지고 우리에게 열어 보여 주는 책. 권력은 어떻게 작용하는가에서 논의를 시작하여 관계망 속에서의 권력과 창조적·생산적·긍정적인 힘으로서의 권력을 이야기해 준다.

027 포스트모더니즘에 대한 성찰　eBook

신승환(가톨릭대 철학과 교수)

포스트모더니즘의 역사와 논의를 차분히 성찰하고, 더 나아가 서구의 근대를 수용하고 변용시킨 우리의 탈근대가 어떠한 맥락에서 이해되는지를 밝힌 책. 저자는 오늘날 포스트모더니즘으로 대변되는 탈근대적 문화와 철학운동은 보편주의와 중심주의, 전체주의와 이성 중심주의에 대한 거부이며, 지금은 이 유행성의 뿌리를 성찰해 볼 때라고 주장한다.

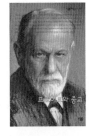

202 프로이트와 종교　eBook

권수영(연세대 기독상담센터 소장)

프로이트는 20세기를 대표할 만한 사상가이지만, 여전히 적지 않은 논란과 의심의 눈초리를 받고 있다. 게다가 신에 대한 믿음을 빼앗아버렸다며 종교인들은 프로이트를 용서하지 않을 기세이다. 기독교 신학자인 저자는 이 책을 통해 종교인들에게 프로이트가 여전히 유효하며, 그를 통하여 신앙이 더 건강해질 수 있다는 점을 보여 주려 한다.

427 시대의 지성 노암 촘스키　eBook

임기대(배재대 연구교수)

저자는 노암 촘스키를 평가함에 있어 언어학자와 진보 지식인 중 어느 한 쪽의 면모만을 따로 떼어 이야기하는 것은 불합리하다고 말한다. 이 책에서는 촘스키의 가장 핵심적인 언어이론과 그의 정치비평 중 주목할 만한 대목들이 함께 논의된다. 저자는 촘스키 이론과 사상의 본질에 다가가기 위한 이러한 시도가 나아가 서구 사상을 받아들이는 우리의 자세와도 연결된다고 믿고 있다.

024 이 땅에서 우리말로 철학하기

이기상(한국외대 철학과 교수)

우리말을 가지고 우리의 사유를 펼치고 있는 이기상 교수의 새로운 사유 제안서. 일상과 학문, 실천과 이론이 분리되어 있는 '궁핍의 시대'에 사는 우리에게 생활세계를 서양학문의 식민지화로부터 해방시키고, 서양이론의 중독으로부터 벗어나야 한다고 역설한다. 저자는 인간 중심에서 생명 중심으로의 변환과 관계론적인 세계관을 담고 있는 '사이 존재'를 제안한다.

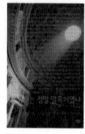

025 중세는 정말 암흑기였나   eBook

이경재(백석대 기독교철학과 교수)

중세에 대한 친절한 입문서. 신과 인간에 대한 중세인의 의식을 다루고 있는 이 책은 어떻게 중세가 암흑시대라는 일반적인 인식을 가지게 되었는지에 대한 물음을 추적한다. 중세는 비합리적인 세계인가, 중세인의 신앙과 이성은 어떠한 관계를 갖고 있는가 등에 대한 논의를 하고 있다.

065 중국적 사유의 원형   eBook

박정근(한국외대 철학과 교수)

중국 사상의 두 뿌리인 『주역』과 『중용』을 철학적 관점에서 접근한다. '산다는 것은 무엇인가?'라는 근원적 질문으로부터 자생한 큰 흐름이 유가와 도가인데, 이 두 사유의 흐름을 거슬러 올라가다 보면 그 둘이 하나로 합쳐지는 원류를 만나게 된다. 저자는 『주역』과 『중용』에 담겨 있는 지혜야말로 중국인의 사유세계를 지배하는 원류라고 말한다.

076 피에르 부르디외와 한국사회   eBook

홍성민(동아대 정치외교학과 교수)

부르디외의 삶과 저작들을 통해 그의 사상을 쉽게 소개해 주고 이를 통해 한국사회의 변화를 호소하는 책. 저자는 부르디외가 인간의 행동이 엄격한 합리성과 계산을 근거로 행해지기보다는 일정한 기억과 습관, 그리고 사회적 전통에 영향을 받는다는 사실로부터 시작한다는 점을 강조한다.

096 철학으로 보는 문화   eBook

신응철(숭실대 인문과학연구소 연구교수)

문화와 문화철학 연구에 관심 있는 사람을 위한 길라잡이로 구성된 책. 비교적 최근에 분과학문으로 등장하기 시작한 문화철학의 논의에 반드시 들어가야 할 요소를 선택하여 제시하고, 그 핵심 내용을 제공한다. 칸트, 카시러, 반 퍼슨, 에드워드 홀, 에드워드 사이드, 새무얼 헌팅턴, 수전 손택 등의 철학자들의 문화론이 소개된다.

097 장 폴 사르트르   eBook

변광배(프랑스인문학연구모임 '시지프' 대표)

'타자'는 현대 사상에 있어 가장 중요한 개념 중 하나이다. 근대가 '자아'에 주목했다면 현대, 즉 탈근대는 '자아'의 소멸 혹은 자아의 허구성을 발견함으로써 오히려 '타자'에 관심을 갖게 되었다. 그리고 타자이론의 중심에는 사르트르가 있다. 사르트르의 시선과 타자론을 중점적으로 소개한 책.

135 주역과 운명   eBook

심의용(숭실대 강사)

주역에 대한 해설을 통해 사람들의 우환과 근심, 삶과 운명에 대한 우리의 자세를 말해 주는 책. 저자는 난해한 철학적 분석이나 독해의 문제로 우리를 데리고 가는 것이 아니라 공자, 백이, 안연, 자로, 한신 등 중국의 여러 사상가들의 사례를 통해 우리네 삶을 반추하는 방식을 취한다.

450 희망이 된 인문학   eBook

김호연(한양대 기초·융합교육원 교수)

삶 속에서 배우는 앎이야말로 인간의 운명을 바꿀 수 있는 기회를 준다. 그래서 삶이 곧 앎이고, 앎이 곧 삶이 되는 공부를 하는 것이 무엇보다 중요하다. 저자는 인문학이야말로 앎과 삶이 결합된 공부를 도울 수 있고, 모든 이들이 이 공부를 할 수 있어야 한다고 믿는다. 특히 '관계와 소통'에 초점을 맞춘 인문학의 실용적 가치, '인문학교'를 통한 실제 실천사례가 눈길을 끈다.

eBook 표시가 되어있는 도서는 전자책으로 구매가 가능합니다.

㈜살림출판사
www.sallimbooks.com
주소 경기도 파주시 문발동 522-1 | 전화 031-955-1350 | 팩스 031-955-1355